W0236437

Christiana Figueres und
Tom Rivett-Carnac

Die Zukunft in
unserer Hand

Christiana Figueres und
Tom Rivett-Carnac

DIE ZUKUNFT IN
UNSERER HAND

Wie wir
die Klimakrise
überleben

Aus dem Englischen
von Henning Dedekind

C.H.Beck

Mit 2 Abbildungen

Titel der englischen Originalausgabe:
«The Future We Choose. Surviving the Climate Crisis»
© 2020 by Christiana Figueres and Tom Rivett-Carnac
Zuerst erschienen 2020 bei Alfred A. Knopf, New York

Für die deutsche Ausgabe:
© Verlag C.H.Beck oHG, München 2021
www.chbeck.de
Umschlaggestaltung: Kunst oder Reklame, München
Umschlagabbildung: © iStock/Malekas85
Satz: Fotosatz Amann, Memmingen
Druck und Bindung: Pustet, Regensburg
Gedruckt auf säurefreiem und alterungsbeständigem Papier
Printed in Germany
ISBN 978 3 406 77560 4

myclimate
klimaneutral produziert
www.chbeck.de/nachhaltig

Wir widmen dieses Buch
Christianas Töchtern NAIMA und YIHANA,
Toms Tochter ZOË und Toms Sohn ARTHUR
sowie den Generationen,
die in der Zukunft leben werden,
über die wir heute entscheiden.

Beten wir nicht darum,
vor Gefahren geschützt zu sein,
sondern darum,
dass wir ihnen furchtlos
entgegentreten.

RABINDRANATH TAGORE

Inhalt

TEIL III: ZEHN MASSNAHMEN

8. Tun, was notwendig ist 97

ANHANG

Vorbemerkung

Wir sind sehr gute Freunde und Reisegefährten auf diesem Planeten, doch unterscheiden wir uns in vielerlei Hinsicht. Wir wurden in zwei verschiedenen geologischen Zeitaltern geboren. Christiana kam im Jahre 1956 zur Welt, am Ende des 12 000 Jahre währenden Holozäns, dessen stabiles Klima der Menschheit ermöglichte, sich zu verbreiten und zu gedeihen, und Tom im Jahre 1977, zu Beginn des Anthropozäns – welches dadurch geprägt ist, dass der Mensch eben jene Bedingungen zerstört, die ihm seine erfolgreiche Entwicklung gestattet haben.

Wir kommen aus zwei grundverschiedenen Gebieten der geopolitischen Landkarte: Christiana stammt aus Costa Rica, einem kleinen Entwicklungsland, das lange ein Musterbeispiel für Wirtschaftswachstum im Einklang mit der Natur war, und Tom aus Großbritannien, der fünftgrößten Volkswirtschaft der Welt und dem Geburtsort der durch Kohle ermöglichten industriellen Revolution.

Christiana stammt aus einer zutiefst politischen Familie, beide Seiten ihrer Familie sind nach Costa Rica eingewandert. Ihr Vater war dreimal Präsident des Landes und gilt heute als Vater des modernen Costa Rica. Er führte nicht nur eine im globalen Vergleich sehr weitreichende Umweltschutzpolitik ein, sondern ist bis heute der einzige Staatschef, der jemals eine Nationalarmee abgeschafft hat. Tom hingegen stammt aus einer alten, britischen Unternehmerfamilie. Er ist ein direkter Nachfahre des Gründungsvorsitzenden der East India Company, der ersten Gesellschaft in der Geschichte mit einer Privatarmee. Zu Toms frühesten Kindheitserinnerungen zählen Erkundungsgänge mit seinem Vater, einem Erdölgeologen.

Christiana ist Mutter von zwei erwachsenen Töchtern, Tom Vater einer Tochter und eines Sohnes, die beide noch keine zehn Jahre alt sind.

Wir haben also eigentlich nicht viel gemeinsam, doch teilen wir das Wichtigste: die Sorge um die Zukunft unserer Kinder und um die Zukunft der Menschheit. Im Jahr 2013 beschlossen wir, zusammenzuarbeiten, um eine bessere Welt für alle Kinder zu schaffen.

Von 2010 bis 2016 war Christiana Generalsekretärin des Sekretariats der Klimarahmenkonvention der Vereinten Nationen (UNFCCC), einer Organisation, die mit der Aufgabe befasst war, die Reaktionen aller Staaten auf den Klimawandel zu koordinieren. Direkt nach dem dramatischen Debakel auf der Weltklimakonferenz 2009 in Kopenhagen übernahm sie damit höchste Verantwortung auf Verhandlungsebene. Sie weigerte sich zu akzeptieren, dass eine globale Übereinkunft unmöglich sein sollte.

Im Jahre 2013 hörte sie von Tom, damals Präsident und Geschäftsführer des Carbon Disclosure Project U. S. A. und ein ehemaliger buddhistischer Mönch. Da sie diese so ungewöhnliche Kombination von Erfahrungen interessant fand, bat Christiana ihn um ein Treffen in New York. Sie wollte herausbekommen, ob er ihr leitender politischer Berater werden könnte. Am Ende eines Spaziergangs durch Manhattan, der den größten Teil des Tages in Anspruch nahm, wandte sich Christiana an Tom und sagte: «Ich stelle fest, dass Sie über die für diesen Job notwendige Berufserfahrung nicht verfügen. Aber Sie besitzen etwas viel Wichtigeres:

die Bescheidenheit, kollektives Wissen zu fördern, und den Mut, innerhalb komplexer Zusammenhänge zu arbeiten, die sich nicht ohne Weiteres darstellen lassen.»

Damit bot sie ihm an, als ihr leitender Politikstratege die Bemühungen der Vereinten Nationen bei der Vorbereitung der Pariser Klimakonferenz zu unterstützen. Er entwarf und leitete die großteils im Verborgenen operierende Groundswell Initiative, die bei einer breiten Palette von Akteuren außerhalb der nationalen Staatsführungen Unterstützung für das ambitionierte Abkommen mobilisierte. Ein paar Jahre später wurde das bislang umfassendste internationale Übereinkommen zum Klimaschutz schließlich verabschiedet.

Als es am 12. Dezember 2015 um 19.25 Uhr so weit war, sprangen 5000 Delegierte, die stundenlang den Atem angehalten hatten, begeistert von ihren Sitzen auf und feierten den historischen Durchbruch. Gerade eben hatten 195 Staaten einstimmig ein Übereinkommen verabschiedet, das ihre Volkswirtschaften über die nächsten vier Jahrzehnte leiten sollte. Ein neuer globaler Pfad war damit vorgezeichnet.

Pfade sind jedoch nur dann von Wert, wenn man ihnen folgt. Die Menschheit hat die Klimafrage viel zu lange aufgeschoben. Wir müssen diesen Pfad jetzt beschreiten – und wir müssen uns beeilen. Dieses Buch weist den Weg bei einem Wettlauf gegen die Zeit, und wir hoffen, dass Sie uns auf diesem Weg begleiten werden.

Einleitung

Das entscheidende Jahrzehnt

Als wir dieses Buch schrieben, hatte die Corona-Pandemie die Welt noch nicht erfasst. Tatsächlich konnten wir gerade die ersten drei Termine einer geplanten einjährigen Lesereise absolvieren, dann traten wir eilig die Heimreise nach Costa Rica und Großbritannien an. Es folgte ein globaler Lockdown. Seitdem waren wir regelmäßig schockiert, wie viele Aspekte sowohl der dystopischen als auch der wünschenswerten Zukunft, die wir in diesem Buch beschreiben, plötzlich klar hervortraten und sich scharf voneinander abgrenzten. Mehr als je zuvor sind wir entschlossen, unseren Teil dazu beizutragen, dass unsere Zukunft eine von uns bewusst gewählte Zukunft wird und keine, der wir blind entgegentorkeln.

Der Beginn dieses Jahrzehnts hat uns allen eine Menge abverlangt. Ganz gleich, ob wir nun Einsamkeit, Angst, Trauer, Begeisterung, Hoffnung oder Dankbarkeit erlebten – wir mussten uns an einen Zustand erhöhter Empfindsamkeit gewöhnen, in dem zwei widerstreitende Realitäten um unsere Aufmerksamkeit rangen.

Die eine ist die unablässige Ausbeutung und Verschmutzung unserer globalen Gemeingüter – unserer Wälder, Meere, Flüsse, Böden und der Luft –, obwohl wir wissen, dass unsere Gesundheit und unser Wohlergehen davon abhängen. Nach wie vor beobachten wir ein Wirtschaftswachstum, welches auf der ungezügelten Förderung und Verbrennung fossiler Energieträger gründet, obwohl wir genau wissen, dass dies die Zusammensetzung unserer Atmosphäre verändert, unseren Planeten aufheizt und die uns erhaltenden natürlichen Systeme an die Grenzen ihrer Belastbarkeit bringt. Das Jahrzehnt begann ungünstig, da uns die tödliche Corona-Pandemie, die Lockdowns, Schulschließungen, Kurzarbeit und die Gefährdung von Arbeitsplätzen zeitweise von den längerfristigen Herausforderungen ablenkten. An diese Probleme erinnert uns nachdrücklich die Tatsache, dass die Treibhausgas-Emissionen 2020 zwar deutlich zurückgingen, aber gleichzeitig ein neuer Rekord für das heißeste Jahr auf dem Planeten verzeichnet wurde.

Wenngleich vielen Menschen die fortdauernde und intensive Zerstörung immer noch nicht bewusst ist und manche sie sogar lieber ignorieren, spüren doch langsam alle die Konsequenzen. Artensterben, Superstürme, Hitzewellen, Dürren, Brände sowie das durch sie verursachte menschliche Elend und der wirtschaftliche Schaden – in Verbindung mit jahrhundertelangen Ungleichheiten und Menschenrechtsverletzungen als Wurzeln politischer und gesellschaftlicher Unruhen – werden immer häufiger. Wir können diese Angelegenheiten gesondert betrachten, aber sie sind alle auf komplexe Weise miteinander verbunden.

Wir können unsere Augen und Ohren vor all dem Elend nicht verschließen. Auch nicht vor der Tatsache, dass wir das Aussterben unserer eigenen Spezies einläuten, sollten wir einfach weitermachen wie bisher. Wir haben die fortdauernde Vernichtung unserer natürlichen Lebensräume bislang immer noch nicht mit der Frage in Verbindung gebracht, wie es uns künftig gelingen soll, für unsere Gesundheit und Sicherheit und die unserer Kinder zu sorgen, uns zu ernähren, Küstenstriche zu besiedeln und die Bewohnbarkeit unserer Häuser zu gewährleisten.

Das ist eine schwierige Realität, aber wir müssen uns mit ihr abfinden. Wenn uns das nicht gelingt, werden wir nicht in der Lage sein, die Verzweiflung zu begreifen, über die viele Menschen verständlicherweise nicht hinwegkommen.

Im selben Maße müssen wir an unserer Überzeugung festhalten, dass wir trotz und vielleicht sogar aufgrund dieser Realität das Potenzial besitzen, aktiv in die Gegenrichtung zu steuern, und genau das beginnt bereits. Gemeinden, Unternehmen, Städte und sogar Regierungen suchen und finden zunehmend Antworten auf die planetare und klimatische Krise, getrieben von der immer beunruhigenderen wissenschaftlichen Datenlage und den Forderungen von Menschen aus allen Gesellschaftsschichten nach dringend notwendiger Veränderung.

Wir erinnern uns an ein zwölfjähriges Mädchen, das an einem Freitagmorgen um 10 Uhr gemeinsam mit seinen Freunden durch Washington, D. C. marschierte; sie trugen ein selbstgemaltes Bild der Erde, eingeschlossen von roten Flammen. In London bildeten schwarz gekleidete erwachsene Demonstranten, die Helme der Bereitschaftspolizei trugen, eine Menschenkette und blockierten den Verkehr am Piccadilly Circus, während sich andere auf dem Bürgersteig vor der BP-Konzernzentrale buchstäblich festklebten. Im südkoreanischen Seoul wimmelten die Straßen von Grundschülern mit bunten Rucksäcken und Spruchbändern, auf denen «Climate Strike» zu lesen war – wegen der erhofften Medienaufmerksamkeit auf Englisch. In Bangkok gingen Hunderte Schüler auf die Straße. Fest entschlossen und tief besorgt folgten sie ihrer trotzigen Anführerin, einem elfjährigen Mädchen mit einem Schild: *The oceans are rising and so are we* – der Meeresspiegel steigt, und auch wir erheben uns.

Von den Unabhängigkeitsbestrebungen in Indien bis zur Bürgerrechtsbewegung in den Vereinigten Staaten kam es zum Ausbruch zivilen Ungehorsams stets dann, wenn eine herrschende Ungerechtigkeit unerträglich wurde – wie wir es nun hinsichtlich des Klimawandels erleben. Der Schmerz und die Qualen dieses Augenblicks, die inakzeptable Ungerechtigkeit einer Generation gegenüber einer anderen und ein erbärmlicher Mangel an Solidarität gegenüber den Schwächsten haben die Schleusentore des Protests geöffnet. Dieser Protest kommt von jungen Menschen, die im Internet oder auf der Straße ihre Stimme erheben; er bildet sich in einem veränderten Kunden- oder Aktionärsverhalten ab, in Gerichtsverfahren, Boykotten und nicht zuletzt an der Wahlurne. Klimabewusstsein und klimaverantwortliches Handeln erreichen dadurch eine neue Stufe. Mit einher geht ein rasanter wirtschaftlicher Wandel, der Lösungen für die Klimakrise immer attraktiver macht. Politische Entscheidungsträger sind somit gefordert, die dringend benötigten politischen und systemischen Veränderungen zu reflektieren und umzusetzen.

Der positive Effekt des historischen Pariser Abkommens, das alle Regierungen der Erde im Dezember 2015 einstimmig verabschiedeten und meist in Rekordzeit ratifizierten, ist darüber hinaus unstrittig. Das Abkommen skizziert eine gemeinsame Strategie für den Kampf gegen den Klimawandel. Inzwischen plant jede große Macht der Welt die Umstellung ihrer Energiesysteme auf zu 100 Prozent erneuerbare Energien. Präsident Biden beschloss an seinem ersten Tag im Amt den Wiedereintritt in das Pariser Abkommen und hat den Klimaschutz ganz oben auf seine politische Agenda gesetzt. Große Volkswirtschaften wie China und die USA sowie über eintausend große Unternehmen haben sich dem Ziel verpflichtet, bis etwa Mitte des Jahrhunderts Netto-Null-Emissionen zu erreichen. Einige Unternehmen und Regierungen haben sich dafür eine Frist bis lange vor 2050 gesetzt, und manche haben es bereits geschafft. Öl- und Gaskonzerne sind nun gezwungen, sich in bislang für völlig unrealistisch gehaltenen Zeiträumen neu aufzustellen, zum einen wegen der pandemiebedingten Nachfrageeinbrüche, zum anderen aber auch, weil die alternativen Energien rasch weniger riskant und wettbewerbsfähiger werden. Für die meisten Großfinanziers ist Kohle als Anlage längst hinfällig, da Solar- und Windenergie in den meisten Ländern der Erde heute die billigsten Stromquellen sind. Auf breiter Front wird Geld von CO_2-intensiven Anlagen abgezogen und in CO_2-arme Anlagen investiert. Wir sind auf dem richtigen Weg, wenngleich erst an dessen Anfang, unsere Energieproduktion und unseren Energieverbrauch komplett umzustellen. Das wiederum führt bereits jetzt zu grundlegenden Veränderungen in Industrie, Transportwesen und Landwirtschaft.

Vielen Menschen geht dieser Wandel nicht schnell genug. Angesichts des Ausmaßes unserer Krise betrachten sie ein Vorgehen Schritt für Schritt als unangemessen. Schließlich wissen wir spätestens seit den 1930er Jahren um die Möglichkeit eines Klimawandels. Im Jahr 1960 wurde dies bestätigt, als der Geochemiker Charles Keeling einen jährlichen Anstieg des von ihm in der Erdatmosphäre gemessenen CO_2 feststellte.[1] Während die meisten Regierungen unentschlossen blieben, arbeiteten Umweltschützer und Klimaaktivisten hinter den Kulissen mit Hochdruck daran, die Grundlagen für den notwendigen Wandel zu schaffen. Endlich ist der Boden fruchtbar und solide genug für einen exponentiellen Aktivitätsanstieg, der im erforderlichen Tempo zu Lösungen führt. Jeder Wandel vollzieht sich erst schrittweise, dann plötzlich, und dieser «plötzliche» Teil der Klimarettung beginnt nun endlich zu greifen, wie sich in den ersten Stadien der spannendsten wirtschaftlichen Umstrukturierung zeigt, die wir je erlebt haben.

Die beiden gegensätzlichen Realitäten – die eine dystopisch und die andere regenerativ – weisen inzwischen dieselbe Dynamik auf, wenngleich die meisten Menschen die erste immer noch für wahrscheinlicher halten. Wollte man diese beiden Realitäten in einem Diagramm gegeneinander auftragen, dann, so glauben wir, markiert der Beginn dieses entscheidenden Jahrzehnts den Punkt, an dem die beiden Kurven sich schneiden. Jetzt endlich überholt die wachsende Dynamik zum Schutz und zur Erhaltung unserer globalen Gemeingüter die Realität, die durch deren Vernichtung gekennzeichnet ist. Es ist die schiere Intensität dieser beiden möglichen Entwicklungsverläufe, die diesen einmaligen Moment in der Geschichte zu einer aufregenden und privilegierten Zeit machen, am Leben zu sein – verstörend und spannend zugleich.

Unsere Verantwortung ist es nun, die Weichen für die erwünschte Zukunft zu stellen; noch nie hatten wir so viel Rückenwind. Wir haben bereits eine ganze Reihe gesellschaftlicher und politischer Erfolge erzielt; wir verfügen über die meisten, wenn nicht sämtliche dafür notwendigen Technologien; wir haben das notwendige Kapital, und wir wissen, welche Strategien am wirksamsten sind. Die notwendigen Veränderungen sind beträchtlich, aber wir können es schaffen.

Wenn wir von der Zukunft aus auf dieses Jahrzehnt zurückblicken könnten, wie Historiker beispielsweise die Renaissance, die Aufklärung oder die Digitale Revolution betrachtet haben, würden wir erkennen, dass wir heute an einem echten Wendepunkt stehen: an dem Punkt, an dem wir (auf den Fundamenten von Vernunft, Wissenschaft, Technologie und Humanismus) die Möglichkeit haben, unsere Wechselwirkung mit der gesamten Natur und auch miteinander in vollem Umfang zu erkennen und bewusst und absichtsvoll den Kurs zu ändern.

Dies ist der Augenblick, in dem die durch menschliche Aktivität frei werdenden Treibhausgas-Emissionen sinken. Mit diesem Rückgang einher gehen die Schaffung neuer Arbeitsplätze und gesundheitliche Fortschritte: Wir werden eine bessere Versorgung mit Energie und Nahrungsmitteln haben, sauberere Luft, eine florierende Biodiversität und wirtschaftlichen Wohlstand. Dies ist der Augenblick, in dem wir endlich erkennen, dass wir das Leben, uns selbst und einander genügend lieben, um uns selbst zu retten.

Wir beide sind gleichermaßen empört und optimistisch; uns schwirrt der Kopf angesichts dessen, was noch erreicht werden kann. Wir laden Sie ein, sich auf unsere Seite zu stellen – die beiden Realitäten zu akzeptieren, die vor uns liegen – und Ihren Teil dazu beizutragen, durch hartnäckigen Optimismus den notwendigen Wandel möglich zu machen (der Frage, wie man hartnäckig optimistisch sein kann, haben wir ein ganzes Kapitel gewidmet).

Wie wir es erreichen, dass auf einem blühenden Planeten alle Menschen überall gut leben können, wird das spannendste Kapitel in der Menschheitsgeschichte werden. Dieses Buch will ein Leitfaden sein, wie wir dieses Kapitel gemeinsam schreiben können.

Teil I

ZWEI WELTEN

Kapitel 1

Wir wählen unsere Zukunft

Die geologische Zeit ist lang und langsam. Zumindest war sie das einmal. Eiszeiten, während derer riesige Gletscher einen großen Teil der nördlichen Kontinente bedeckten, gab es in der Geschichte unseres Planeten immer wieder. Die letzte Eiszeit dauerte etwa 2,6 Millionen Jahre. Mit einer graduellen Erwärmung, ausgelöst durch natürliche Einflüsse auf das Erdklima, ließen wir diese Eiszeit langsam hinter uns und gingen ins Holozän über, das sich über 12 000 Jahre erstreckte – bis zum 20. Jahrhundert. Die Temperaturen in dieser erdgeschichtlichen Epoche waren relativ stabil und lagen abweichend jeweils nur ein Grad Celsius ober- oder unterhalb des Durchschnitts.[1]

In diesem geologischen Zeitalter schufen Temperaturen, Niederschlagsmuster sowie terrestrische und ozeanische Ökosysteme ideale natürliche Bedingungen für die Ausbreitung und Entwicklung des Menschen. Dank der stabilen Umweltbedingungen konnte die menschliche Spezies – etwa zehntausend Individuen in kleinen Stammesgemeinschaften – sesshaft werden, sich zu Bauern und Siedlern entwickeln und schließlich Städte hervorbringen, Industrien und maschinelle Produktion. Die Menschheit blühte auf und wuchs auf eine Gesamtbevölkerung von derzeit 7,7 Milliarden an.[2]

Während des Holozäns «schuf das Leben dem Leben zuträgliche Bedingungen».[3] Wir hätten weiterhin in diesem geologischen Zeitalter leben können. Aber das taten wir nicht.[4]

Während der letzten 50 Jahre haben wir die natürliche Stabilität des blauen Planeten massiv aus dem Gleichgewicht gebracht und dadurch unser eigenes Überleben auf der Erde gefährdet. Unser Lebensstil seit der industriellen Revolution hat allen natürlichen Systemen schwere Schäden zugefügt. Hauptsächlich verursacht durch die ungezügelte Nutzung fossiler Brennstoffe und weltweite Kahlschläge im großen Stil, übersteigt die Konzentration von Treibhausgasen in der Atmosphäre heute sämtliche Werte seit Beginn der letzten Eiszeit.[5] Das führt weltweit zu immer extremeren Wetterereignissen: Überschwemmungen, Hitzewellen, Dürren, Waldbrände und Hurrikans. Die Hälfte aller tropischen Wälder der Erde sind bereits abgeholzt, und jedes Jahr gehen weitere zwölf Millionen Hektar verloren. Wenn das gegenwärtige Tempo anhält, könnten in etwa 40 Jahren eine Milliarde Hektar Wald fehlen – eine Fläche von der Größe Europas.[6] In den letzten 50 Jahren sind die Populationen von Säugetieren, Vögeln, Fischen, Reptilien und Amphibien im Durchschnitt um 60 Prozent zurückgegangen. Manche Experten vermuten, dass das sechste Massenaussterben bereits begonnen hat.[7] Jüngsten Forschungen zufolge sind derzeit zwölf Prozent aller lebenden Spezies bedroht, was durch den Klimawandel signifikant verstärkt wird.[8] Die Meere haben mehr als 90 Prozent der überschüssigen Wärme absorbiert, die wir während der letzten 50 Jahre produziert haben.[9] Als Folge davon ist die Hälfte aller Korallenriffe der Welt bereits abgestorben,[10] und das arktische Sommereis, dessen Reflexionsfähigkeit für die Temperaturregulierung auf der ganzen Welt von hoher Bedeutung ist, geht rapide zurück.[11] Das Abschmelzen von Landgletschern hat den Meeresspiegel bereits um mehr als 20 Zentimeter erhöht, was zu zunehmender Salzeintragung in vielen Grundwasserschichten führt, Sturmfluten verschlimmert und für tiefliegende Inseln eine existenzielle Bedrohung darstellt.[12] Kurz, in den letzten 50 Jahren haben wir die Menschheit und den Planeten vom vorangegangenen, angenehmen Holozän ins Anthropozän katapultiert, ein neues geologisches Zeitalter, in dem die biochemischen Bedingungen nicht von natürlichen Prozessen, sondern von den spürbaren Auswirkungen menschlicher Aktivität bestimmt werden. Zum ersten Mal ist der Mensch der wichtigste Treiber eines umfassenden Klimawandels auf dem Planeten.[13]

Alle Studien, die Sie möglicherweise über das Anthropozän lesen, verweisen auf Zerstörungen nie dagewesenen Ausmaßes, die wir in den vergangenen fünf Jahrzehnten verursacht haben.[14] Die solchen Analysen zugrunde liegende Annahme ist, dass die Würfel gefallen sind und das gesamte geologische Zeitalter von einer zunehmenden Verwüstung geprägt ist.

Unser Standpunkt ist radikal anders.

Wir argumentieren, dass eine solche Verwüstung zwar immer wahrscheinlicher wird, aber keinesfalls unser unausweichliches Schicksal darstellt. Noch nicht. Der Anfang dieses Abschnitts der Menschheitsgeschichte ist zwar unwiderruflich niedergelegt und hat bereits schmerzhafte Spuren hinterlassen, aber die Geschichte ist noch nicht zu Ende. Wir halten den Stift noch in der Hand. Tatsächlich halten wir ihn fester denn je zuvor. Wir können beschließen, eine Geschichte der Regeneration sowohl der Natur als auch des menschlichen Geistes zu schreiben. Aber wir müssen uns entscheiden. Bei der Entscheidung, in welcher Welt wir und künftige Generationen leben sollen, gibt es keine große Auswahl; eigentlich gibt es nur zwei Optionen, die beide im Pariser Abkommen abgebildet sind und die wir hier für Sie darstellen, damit Sie sich selbst ein Bild machen können. Vergessen wir nicht, dass wir den Planeten bereits um 0,9 Grad Celsius im Vergleich zur mittleren Temperatur vor der industriellen Revolution erwärmt haben. Mit dem Pariser Abkommen verpflichteten sich alle Staaten, die Erwärmung auf «höchstens zwei Grad Celsius» (und idealerweise darunter) zu begrenzen. Erreicht werden soll dies durch nationale Maßnahmen zur Emissionsreduzierung, die alle fünf Jahre substanziell verstärkt werden.

Um den Prozess in Gang zu setzen, legten 184 Länder im Jahre 2015 detailliert fest, was sie in den ersten fünf Jahren danach unternehmen wollten, und vereinbarten, sich alle fünf Jahre zu treffen, um weiterreichende Verpflichtungen einzugehen, da die erste Runde von Verpflichtungen nur der erste Schritt in Richtung des langfristigen Ziels der Netto-Null-Emissionen war.

Nachfolgend zeigen wir zwei verschiedene Szenarien auf. Eines davon wird unsere Realität werden.

IN DER WELT, DIE WIR MOMENTAN ERSCHAFFEN, IST ES MEHR ALS DREI GRAD WÄRMER.[15] Das erste Szenario, mit dem wir uns hier befassen, zeigt, wie gefährlich der Weg ist, auf dem wir uns gerade befinden. Wenn Staaten, Unternehmen und jeder Einzelne von uns keine weiteren Anstrengungen unternehmen, als die im Jahre 2015 eingegangenen Verpflichtungen zu erfüllen, werden wir bis 2100 eine Erderwärmung von mindestens 3,7 Grad Celsius erreichen. Schlimmer noch käme es, wenn nicht einmal die bisherigen Verpflichtungen eingehalten würden. Dann müsste man mit einer Erwärmung von vier oder fünf Grad rechnen (siehe Anhang, Seite 189). Seien Sie gewarnt, dieses Zukunftsszenario ist finster. Obwohl sich viele Worst-Case-Szenarien bis zur zweiten Hälfte des Jahrhunderts wahrscheinlich kaum bemerkbar machen würden, ist unstrittig, dass in der Jahrhundertmitte das menschliche Elend groß und die Biodiversität stark verringert wäre. Wir und unsere Kinder würden in einer Welt leben, deren Lebensbedingungen sich laufend verschlechtern, ohne dass sich dies noch in irgendeiner Weise aufhalten ließe.

DIE WELT, DIE WIR SCHAFFEN MÜSSEN, BEGRENZT DIE ER-WÄRMUNG AUF MAXIMAL 1,5 GRAD CELSIUS. [16] Was die bereits ausgestoßenen Emissionen betrifft, lässt sich die Uhr nicht zurückdrehen. Dennoch können wir selbst in diesem späten Stadium eine bessere Welt anstreben und dieses Ziel auch erreichen – eine Welt, in der Natur und Mensch nicht nur überleben, sondern gemeinsam gedeihen. Die Wissenschaft sagt klar und deutlich, dass das 1,5 Grad wärmere Szenario immer noch im Bereich des Möglichen liegt, der zeitliche Spielraum dafür aber rapide abnimmt. Um eine wenigstens fünfzigprozentige Erfolgschance zu haben (was an sich schon ein inakzeptabel hohes Risiko darstellt), müssen wir die weltweiten Emissionen bis zum Jahre 2030 auf die Hälfte des derzeitigen Niveaus reduzieren und spätesten 2050 bei Netto-Null-Emissionen anlangen. [17] Eine Einsparung dieser Größenordnung erfordert in so gut wie allen Lebens- und Arbeitsbereichen gewaltige Veränderungen – von der massiven Wiederaufforstung zu neuen Methoden in der Landwirtschaft, vom Ende der Kohlegewinnung bis zum Jahre 2020 und der bald darauf folgenden Einstellung der Öl- und Gasförderung bis zur vollständigen Abkehr von fossilen Brennstoffen und vom Verbrennungsmotor.

Was wir im Einzelnen tun müssen, wird später in diesem Buch aufgeführt. Für den Augenblick genügt es, sich klarzumachen, dass wir unsere Zukunft selbst in der Hand haben und sie kollektiv gestalten können. Es liegt in unserer gemeinsamen Verantwortung, dass eine bessere Zukunft nicht nur möglich, sondern wahrscheinlich wird, und dann nicht nur wahrscheinlich, sondern vorhersehbar.

Der große Baseball-Spieler Yogi Berra sagte einmal, dass Vorhersagen schwer zu treffen seien, insbesondere über die Zukunft. Bei der Konstruktion dieser Szenarien ist uns bewusst, dass eine Vorhersage über die Welt in 30 Jahren bis zu einem gewissen Grad ein imaginäres Unterfangen ist. Dennoch wird alles, was wir in diesen Szenarien vor Ihnen ausbreiten, von führenden Wis-senschaftlern vorhergesagt oder erwartet.[18] Tatsächlich sind viele wissenschaftliche Vorhersagen bereits eingetreten. Lesen Sie die beiden Szenarien also nicht als Zukunftsvorhersage, sondern als Warnung, was auf uns zukommen könnte, wenn wir unsere letzte Chance jetzt nicht nutzen.

Kapitel 2

_____

_____

Die Welt, wie wir sie gerade schaffen

Es ist 2050. Außer den 2015 festgelegten Emissionsminderungen wurde nichts weiter unternommen, um den Treibhauseffekt einzudämmen. Wir bewegen uns damit auf eine Welt zu, in der es 2100 mehr als drei Grad wärmer sein wird.

Das Erste, was Ihnen auffällt, ist die Luft.

An vielen Orten der Welt ist die Luft heiß, schwer und tagesabhängig stark mit Feinstaubpartikeln verschmutzt. Ihre Augen tränen häufig. Ihren Husten werden Sie gar nicht mehr los. Sie denken an die Corona-Pandemie, als das Tragen von medizinischen Masken Pflicht war, um andere und sich selbst vor einer Infektion über die Luft zu bewahren. Jetzt tragen Sie wiederum eine Maske, um sich vor der Luftverschmutzung zu schützen. Sie können inzwischen nicht mehr einfach nach draußen gehen und frische Luft schnappen, denn möglicherweise gibt es dort keine. Bevor Sie morgens Fenster und Türen öffnen, informieren Sie sich via Smartphone über die zu erwartende Luftqualität. Alles kann bestens aussehen, sonnig und klar, aber Sie wissen Bescheid. Wenn sich Stürme und Hitzewellen häufen und überschneiden, können die Luftverschmutzung und die bodennahen Ozonwerte so stark ansteigen, dass es gefährlich wird, ohne eine spezielle Maske (die sich freilich nur wenige leisten können) ins Freie zu gehen.[1] In Südostasien und Zentralafrika sterben durch die Luftverschmutzung mehr Menschen als in Europa oder in den Vereinigten Staaten.[2] Dort arbeiten weniger Menschen im Freien, doch selbst in geschlossenen Räumen schmeckt die Luft bisweilen leicht säurehaltig, wodurch einem rasch übel wird. Die letzten Kohlefeuerstätten wurden vor zehn Jahren außer Betrieb gesetzt, doch das hat auf die weltweite Luftqualität keinen großen Einfluss gehabt, weil Sie überall immer noch die gefährlichen Abgase von Millionen Autos und Bussen einatmen. Manche Länder haben mit künstlicher Regenstimulation experimentiert, in der Hoffnung, auf diese Weise die Luft reinzuwaschen, jedoch mit gemischtem Erfolg. Das sogenannte Wolkenimpfen zur künstlichen Erzeugung von Niederschlägen ist ebenso schwierig wie unzuverlässig, und selbst die reichsten Länder können keine gleichbleibenden Resultate erzielen.[3] In Europa und Asien hat diese Methode zu internationalen Spannungen geführt, da selbst die erfahrensten Experten nicht kontrollieren können, wo der Regen niedergehen wird, ganz abgesehen davon, dass saurer Regen dem Ackerbau schadet, was sich wiederum katastrophal auf die Nahrungsmittelversorgung auswirkt.[4] Als Folge davon werden Felder zunehmend abgedeckt, ein Trend, der sich immer mehr durchsetzt.[5]

Unsere Welt wird heißer. Berechnungen zufolge werden über die nächsten zwei Jahrzehnte die Temperaturen in bestimmten Regionen des Globus sogar noch weiter ansteigen, eine unumkehrbare Entwicklung, auf die wir nun keinerlei Einfluss mehr haben. Meere, Wälder, Pflanzen, Bäume und Böden hatten viele Jahre lang die Hälfte des von uns freigesetzten Kohlendioxids aufgenommen. Nun sind nur noch wenige Wälder übrig, weil die meisten entweder abgeholzt wurden oder Waldbränden zum

Opfer fielen, und der Permafrost stößt unablässig Treibhausgase in eine ohnehin überlastete Atmosphäre aus.[6]

Die steigende Hitze auf der Erde erstickt uns – in weiteren fünf oder zehn Jahren werden große Teile des Planeten für den Menschen unbewohnbar sein. Wir wissen nicht, in welchem Maße Australien, Nordafrika und der Westen der Vereinigten Staaten im Jahre 2100 betroffen sein werden. Niemand weiß, was die Zukunft der Kinder- und Enkelgeneration bringt: Ein Kipppunkt nach dem anderen wird erreicht, was Fragen hinsichtlich künftiger Zivilisationsformen aufwirft. Manche meinen, dass die Menschheit sich wieder in alle Winde zerstreuen und kleine Stammesgesellschaften bilden wird, die gemeinsam Schutz suchen und immer dort leben, wo sie halbwegs günstige Bedingungen vorfinden.[7]

Einige Kipppunkte wurden bereits überschritten. Der erste war das Verschwinden der Korallenriffe. Manche von uns erinnern sich noch an die Tauchgänge durch majestätische Korallenriffe, in denen es vor Fischen aller Farben und Größen nur so wimmelte. Mittlerweile gibt es so gut wie keine Korallen mehr. Das Great Barrier Reef in Australien ist der größte Unterwasserfriedhof der Erde. Es wurde der Versuch unternommen, weiter nördlich und südlich des Äquators, wo das Wasser etwas kühler ist, künstliche Korallenriffe anzulegen, doch scheiterten solche Unternehmungen meist, und das Meeresleben kehrte nicht zurück. Bald wird es überhaupt keine Riffe mehr geben – es ist nur eine Frage von wenigen Jahren, bis auch die letzten zehn Prozent abgestorben sind.[8]

Der zweite Kipppunkt war das Abschmelzen der arktischen Eisschilde. Es gibt kein arktisches Sommereis mehr, weil die Erderwärmung an den Polen stärker ist – zwischen sechs und acht Grad höher als in anderen Regionen. An jenem kalten, weit nördlich der meisten bewohnten Gebiete gelegenen Ort ging die Schmelze zwar still und leise vonstatten, doch ihre Auswirkungen machten sich rasch bemerkbar. Die «große Schmelze» wirkte als

Beschleuniger der Erderwärmung. Das weiße Eis reflektierte die Hitze der Sonne, doch nun ist es verschwunden, sodass das dunkle Meerwasser nun mehr Hitze absorbiert, wodurch sich die Wassermasse ausdehnt und die Meeresspiegel noch weiter ansteigen.[9] Höhere Luftfeuchtigkeit und höhere Meeresoberflächentemperaturen haben zu einem vermehrten Aufkommen extremer Hurrikans und tropischer Stürme geführt. Erst kürzlich ist es in Küstenstädten in Bangladesch, Mexiko, den Vereinigten Staaten und anderswo zu massiven Zerstörungen der Infrastruktur und schweren Überschwemmungen gekommen, die viele Tausend Menschenleben forderten und Millionen obdachlos machten. Dies geschieht mittlerweile mit zunehmender Häufigkeit.[10] Aufgrund steigender Meeresspiegel muss jeden Tag irgendein Teil der Welt in höher gelegene Gebiete evakuiert werden. Jeden Tag zeigen die Nachrichten Bilder von Müttern, die mit ihren auf den Rücken gebundenen Babys durch überschwemmte Straßen waten, von Häusern, die von wahren Sturzbächen mitgerissen wurden. Die Presse berichtet von Menschen, die in ihren Häusern knöcheltief im Wasser stehen, weil sie sonst nirgendwohin gehen können, von ihren Kindern, die husten und keuchen, weil ihre Betten verschimmeln, von Versicherungsgesellschaften, die Bankrott machen, sodass die Überlebenden von Katastrophen keine Mittel zur Verfügung haben, ihr Leben neu aufzubauen. Verseuchte Wasservorräte, Salzwasserintrusionen und Abschwemmungen von landwirtschaftlichen Flächen sind an der Tagesordnung. Da sich häufig mehrere Katastrophen gleichzeitig ereignen, dauert es oft Wochen oder Monate, bis die von extremem Hochwasser betroffenen Gebiete mit Grundnahrungsmitteln und Wasser notversorgt werden können. Vielerorts kommt es zu Krankheiten wie Malaria, Dengue, Cholera, Atemwegserkrankungen und Mangelernährung.[11]

Aller Augen richten sich jetzt auf den Westantarktischen Eisschild.[12] Sollte dieser eines Tages verschwinden, würde dies eine Sintflut in die Meere freisetzen, wodurch der Meeresspiegel um mehr als fünf Meter steigen könnte. Wenn dies geschähe, würden Städte wie Miami, Shanghai und Dhaka unbewohnbar – entlang der Küsten aller Kontinente gäbe es Geisterstädte, deren Wolkenkratzer aus dem Wasser ragten und deren Einwohner entweder evakuiert oder tot wären.

Küstenbewohner, die ihre angestammte Heimat nicht verlassen wollen, haben nicht nur mit steigenden Meeresspiegeln und Überschwemmungen zu kämpfen, sie verlieren nach und nach auch ihre auf dem Fischfang beruhende Lebensgrundlage. Das Wasser der Ozeane ist durch die Aufnahme von Kohlendioxid saurer geworden, und die pH-Werte sind inzwischen so schädlich für das Meeresleben, dass bis auf wenige Ausnahmen alle Staaten den Fischfang verboten haben, selbst in internationalen Gewässern.[13] Viele Menschen finden, dass man sich an den wenigen verbliebenen Fischen erfreuen sollte, solange es sie noch gibt – ein Argument, das in vielen Gegenden der Erde zu hören und schwer zu widerlegen ist, denn so vieles verschwindet gerade für immer.

Der Meeresspiegelanstieg war schon verheerend genug. Zudem haben Dürren und Hitzewellen im Inland eine besondere Hölle geschaffen. Weite Regionen sind starker Austrocknung, zuweilen gefolgt von Wüstenbildung, zum Opfer gefallen.[14] Die Tierwelt ist dort nur noch eine vage Erinnerung.[15] An diesen Orten ist menschliches Leben kaum noch möglich, denn die Grundwasserleiter sind ausgetrocknet. Städte wie Marrakesch und Wolgograd stehen an der Schwelle zur Versteppung. Hongkong, Barcelona, Abu Dhabi und viele andere betreiben schon seit Jahren Meerwasserentsalzung und versuchen dabei verzweifelt, dem andauernden Migrationsstrom aus vollständig ausgetrockneten Regionen Herr zu werden.

Extreme Hitze ist auf dem Vormarsch. Wenn Sie in Paris leben, dann leiden Sie unter sommerlichen Temperaturen, die regelmäßig über der 44-Grad-Marke liegen. Das ist allerdings keine Schlagzeile mehr wert, wie es noch vor 30 Jahren der Fall gewesen wäre. Alle bleiben drinnen, trinken Wasser und träumen von einer

Klimaanlage. Man liegt mit einem kalten, feuchten Handtuch über dem Gesicht auf dem Sofa und versucht, sich auszuruhen, ohne an die armen Bauern in den Vororten zu denken, die trotz wiederkehrender Waldbrände und Dürren immer noch versuchen, Trauben, Oliven oder Soja anzubauen – Luxusgüter für die Reichen, nicht für Sie.

Sie versuchen, nicht an die zwei Milliarden Menschen zu denken, die in den heißesten Regionen der Erde leben, wo die Tagestemperaturen über 45 Grad liegen und auf bis zu 60 Grad steigen können – an diesem Punkt hält es der menschliche Körper nicht länger als etwa sechs Stunden im Freien aus, da er sonst die Fähigkeit einbüßt, sich selbst abzukühlen. Gebiete wie Zentralindien werden zunehmend unbewohnbar. Eine Weile versuchten die Menschen, durchzuhalten, aber wenn man nicht im Freien arbeiten kann und erst ab vier Uhr in der Frühe ein paar Stunden Schlaf findet, weil das der kühlste Abschnitt des Tages ist, dann bleibt einem nicht mehr viel übrig, als seine Sachen zu packen und zu gehen. Völkerwanderungen in weniger heiße ländliche Gebiete werden von Flüchtlingsproblemen, zivilem Ungehorsam und blutigen Kämpfen um sauberes Wasser begleitet.[16]

Rasch verschwinden auf der ganzen Welt die Inlandsgletscher. Die Millionen von Menschen, die von der ganzjährig stabilen Wasserversorgung durch die Gletscher im Himalaja, in den Alpen oder in den Anden abhängig waren, leben in einem dauerhaften Katastrophenzustand: Im Winter fällt kaum noch Schnee, der oben in den Bergen zu Eis wird, also gibt es im Frühling und im Sommer auch keine langsame Schmelze. Stattdessen kommt es zu Starkregen mit Überschwemmungen oder langen Dürreperioden. Die anfälligsten Gesellschaften mit den geringsten Ressourcen haben bereits erfahren müssen, was folgt, wenn das Wasser knapp wird: religiös motivierte Gewalt, Massenmigration und Tod.

Selbst in manchen Teilen der Vereinigten Staaten kommt es aufgrund von Wasserknappheit zu schweren Konflikten, Kämpfen zwischen den Reichen, die bereit sind, Wasser ihrem Verbrauch entsprechend zu bezahlen, und allen anderen, die gleichen Zugang zu der lebenspendenden Ressource fordern. In so gut wie allen öffentlichen Einrichtungen sind die Hähne zugesperrt, auf Toiletten lassen sie sich nur per Münzeinwurf bedienen. Auf US-Bundesebene bringt die Wasserversorgung den Kongress in Aufruhr: Bundesstaaten mit weniger Wasservorkommen fordern von Staaten mit mehr Wasser einen Anteil, der ihnen ihrer Meinung nach zusteht. Führende Regierungsvertreter drücken sich seit Jahren um das Thema, doch mit jedem Tag sinken die Wasserstände des Colorado River und des Rio Grande weiter.[17] Am Horizont ziehen Konflikte mit Mexiko herauf, das keine Wasserlieferungen aus dem Rio Conchos und dem Rio Grande mehr zusichern kann.[18] In Peru, Russland, China und vielen anderen Ländern kommt es zu ähnlichen Streitigkeiten.

Die Nahrungsmittelproduktion verzeichnet monatlich und saisonal starke Schwankungen, abhängig davon, wo man lebt. Es verhungern mehr Menschen als je zuvor. Die Klimazonen haben sich verschoben, sodass manche Gebiete nun erstmals für den Ackerbau zur Verfügung stehen (Alaska, die Arktis),[19] wohingegen andere ausgetrocknet sind (Mexiko, Kalifornien). Wieder andere sind angesichts extremer Hitze instabil, ganz zu schweigen von Überschwemmungen, Bränden und Tornados. Dadurch wird die Nahrungsmittelversorgung insgesamt äußerst unzuverlässig. Eines jedoch hat sich nicht geändert – wer Geld hat, hat Zugang. Der Welthandel hat sich verlangsamt, da Länder wie China den Export stoppen und versuchen, mit ihren eigenen Ressourcen auszukommen. Durch Katastrophen und Kriege werden Handelsrouten blockiert. Die Tyrannei von Angebot und Nachfrage ist inzwischen gnadenlos; aufgrund zunehmender Knappheit sind Nahrungsmittel nicht selten extrem überteuert. Einkommensungleichheit gab es schon immer, aber noch nie war sie derart krass und gefährlich.

Ganze Regionen leiden unter Missernten und Mangelernährung. Die Geburtenrate ist insgesamt zurückgegangen, vor allem in den Ländern, in denen besonders schwere Nahrungsmittelknappheit herrscht. Die Kindersterblichkeit ist in die Höhe geschossen, internationale Hilfe lässt sich angesichts von Massenarmut politisch nicht mehr rechtfertigen. Länder mit genügend Nahrungsmitteln sind fest entschlossen, diese nicht abzugeben. An manchen Orten hat der fehlende Zugang zu Grundnahrungsmitteln wie Weizen, Reis oder Hirse zum Zusammenbruch der Wirtschaft und zu Unruhen geführt, und zwar schneller, als sich selbst die pessimistischsten Experten das bislang vorstellen konnten. Wissenschaftler haben versucht, neue Sorten von Grundnahrungsmitteln zu entwickeln, die widerstandsfähiger gegen Dürre, Temperaturschwankungen und Salz sind, aber das reichte längst nicht. Heute gibt es schlicht nicht genug resiliente Neuzüchtungen, um die Bevölkerung zu ernähren. Nahrungsmittelunruhen, Staatsstreiche und Bürgerkriege sorgen dafür, dass die Ärmsten der Welt vom Regen in die Traufe geraten. Entwickelte Länder versuchen zwar, ihre Grenzen gegen die Massenmigration abzuriegeln, doch bekommen auch sie die Konsequenzen zu spüren. Aktienmärkte brechen zusammen, die Währungen sind ständigen Schwankungen unterworfen, und die Europäische Union hat sich aufgelöst.[20]

In dem Maße, wie die Staaten bestrebt sind, Wohlstand und Ressourcen innerhalb der eigenen Grenzen zu bewahren, so entschlossen sind sie, andere Menschen draußen zu halten. Die Armeen der meisten Länder sind mittlerweile eher stark militarisierte Grenzpatrouillen. Totale Abschottung ist das erklärte Ziel, das bislang jedoch nicht völlig erreicht wurde, denn verzweifelte Menschen finden immer einen Weg. Manche Länder waren auf globaler Ebene bislang bessere Samariter als andere, doch auch sie haben ihre Grenzen, ihre Brieftaschen und ihre Augen inzwischen mehr oder minder geschlossen.[21]

Seit der Äquatorgürtel zunehmend unbewohnbarer wird, bewegt sich ein nicht enden wollender Strom von Migranten aus Mittelamerika in Richtung Mexiko und Vereinigte Staaten. Andere ziehen südwärts ans Ende von Chile oder Argentinien. Dasselbe spielt sich in Europa und Asien ab. Die nördlichen Länder stehen unter enormem politischem Druck, die Einwanderer entweder zu integrieren oder fernzuhalten. Manche Staaten nehmen Menschen auf, aber unter Bedingungen, die einer Zwangsknechtschaft nahekommen. Es wird Jahre dauern, bis die gestrandeten Migranten Asyl erhalten oder sich in den neuen Flüchtlingsstädten einleben, die entlang der Grenzen entstanden sind.

Selbst wenn Sie in einer Gegend mit milderem Klima wie Kanada oder Skandinavien leben, sind Sie extremen Gefahren ausgesetzt. Oft müssen Sie mit schweren Tornados, Flutwellen, Waldbränden, Erdrutschen und Schneestürmen rechnen. Je nachdem, wo Sie leben, haben Sie einen gut bevorrateten Sturmkeller, einen Notfallkoffer im Auto oder einen zwei Meter breiten Feuergraben um Ihr Haus. Die Menschen kleben förmlich an den Wettervorhersagen. Nur ganz Tollkühne schalten nachts ihr Telefon ab. Wenn ein Notfall eintritt, bleiben vielleicht nur Minuten, um zu reagieren. Die staatlichen Warnsysteme reichen nicht aus, sie sind außerdem anfällig und wenig zuverlässig, je nach Zugang zur entsprechenden Technologie. Die Reichen, die private, zuverlässige Satelliten-Warnsysteme abonniert haben, schlafen besser.

Dem Wetter kann man nicht ausweichen. Obendrein sind in letzter Zeit die Berichte über die Begebenheiten an den Grenzen für die meisten Menschen unerträglich geworden. Aufgrund des alarmierenden Anstiegs der Selbstmordraten und unter zunehmendem Druck der Gesundheitsbehörden haben die Nachrichtenagenturen die Anzahl jener Beiträge reduziert, die sich mit Völkermord, Sklavenhandel und Virusausbrüchen unter Flüchtlingen befassen. Man kann den Nachrichten nicht mehr trauen. Die sozialen Medien, lange Zeit düstere Quelle für Live-Feeds und Katastrophenberichte, sind nun randvoll mit Verschwörungstheorien und gefälschten Videos. Insgesamt haben die Medien einen seltsamen, offenbar kontrollierten Schwenk in Richtung einer geschönten Realität gemacht und berichten wider besseres Wissen eher positiv.

Wer in einem einigermaßen stabilen Land lebt, mag sicher sein, aber der psychische Zoll ist hoch. Mit jedem Kipppunkt, der überschritten wird, spürt man, wie die Hoffnung sinkt. Es ist nicht mehr möglich, die unkontrollierte Erwärmung unseres Planeten aufzuhalten, und zweifellos bewegen wir uns langsam, aber sicher auf eine Art Kollaps zu. Und das nicht nur, weil es zu heiß ist: Der schmelzende Permafrost gibt uralte Bakterien frei, denen der heutige Mensch noch nie ausgesetzt war – und gegen die er folglich auch keinerlei Abwehrkräfte hat.[22] In dem veränderten Klima vermehren sich diese Spezies rasch, Stechmücken und Zecken verbreiten selbst in bislang sicheren Teilen der Erde neue Krankheiten, sodass wir der Lage kaum noch Herr werden. Schlimmer noch: Mit weiter steigenden Temperaturen und der Bevölkerungsverdichtung in den bewohnbaren Gebieten hat sich auch die durch die Antibiotika-Resistenz ausgelöste Krise in den Gesundheitssystemen verschärft.[23]

Immer häufiger wird nun über den Untergang der Menschheit diskutiert. Für viele besteht die einzige Unsicherheit darin, wie lange wir uns noch halten werden, wie viele Generationen noch das Licht der Sonne erblicken. Eine steigende Suizidrate ist die offensichtlichste Manifestation der wachsenden Verzweiflung, doch gibt es auch andere Indikatoren: überwältigende Verlustängste, unerträgliche Schuldgefühle und ein tiefer Hass auf frühere Generationen, die nicht das Notwendige unternommen haben, um die unaufhaltsame Katastrophe abzuwehren.

Kapitel 3

———

Die Welt, wie wir sie schaffen müssen

Wir schreiben das Jahr 2050. Es ist uns gelungen, die Emissionen seit 2020 alle zehn Jahre zu halbieren. Wir bewegen uns auf eine Welt zu, die im Jahr 2100 nicht mehr als 1,5 Grad Celsius wärmer sein wird als 100 Jahre zuvor.

An den meisten Orten der Welt ist die Luft feucht und frisch, selbst in den Städten. Es ist fast so, als ginge man durch einen Wald, und höchstwahrscheinlich trifft auch genau das zu. Die Luft ist so sauber, wie sie es seit vorindustrieller Zeit nicht mehr war.

Das verdanken wir den Bäumen. Sie sind überall.[1] Die Bäume waren nicht die eine große Lösung, die uns vorschwebte, aber ihre Ausbreitung hat uns die notwendige Zeit verschafft, um mit den Kohlendioxid-Emissionen fertigzuwerden. Mit Konzernspenden und öffentlichen Mitteln wurde die größte Aufforstungsaktion der Geschichte finanziert. Als wir damit begannen, war es eine rein pragmatische Angelegenheit, eine Taktik im Kampf gegen den Klimawandel, um CO_2 zu binden: Die Bäume entzogen der Luft das Kohlendioxid, gaben Sauerstoff frei und brachten das CO_2 dorthin zurück, wo es hingehört: in den Boden. Das milderte zum einen natürlich den Klimawandel, wirkte sich jedoch in viel weiterem

Rahmen positiv aus. Das Gefühl, wieder auf einem grünen Planeten zu leben, sprach alle Sinne an und wirkte so transformativ, besonders in den Städten. Nie waren Städte bessere Orte zum Leben. Dank wesentlich mehr Bäumen und viel weniger Autos war es möglich, ganze Straßen für den städtischen Landbau und als Spielorte für Kinder zurückzuerobern. Jede Brachfläche, jede stiefmütterlich ungenutzte Gasse wurde einem neuen Zweck zugeführt und in einen schattigen Hain verwandelt. Jedes Dach ist heute entweder ein Gemüse- oder ein Blumengarten. Fensterlose Gebäude, an denen früher Graffitis prangten, sind heute mit Kletterpflanzen bewachsen.

Die Begrünungsbewegung begann in Spanien als Versuch, etwas gegen die steigenden Temperaturen zu unternehmen. Aufgrund ihrer geografischen Lage ist Madrid eine der trockensten Städte Europas. Obwohl die Stadt ihre Emissionen mittlerweile im Griff hat, bestand zunächst die Gefahr der Wüstenbildung. Durch den «Hitzeinsel-Effekt» der Städte – Gebäude fangen Wärme ein und dunkle, gepflasterte Flächen absorbieren die Sonnenwärme – war es in der Sechs-Millionen-Stadt Madrid ein paar Grad heißer als wenige Kilometer außerhalb auf dem Land. Darüber hinaus führte die Luftverschmutzung vermehrt zu Frühgeburten,[2] und ein Anstieg der Sterblichkeit wurde mit Herzkreislauf- und Atemwegserkrankungen in Zusammenhang gebracht. Da das Gesundheitssystem durch das Auftreten subtropischer Krankheiten wie Dengue-Fieber und Malaria bereits stark belastet war, zogen Bürger und Verwaltung am selben Strang. Madrid unternahm gewaltige Anstrengungen, die Anzahl von Fahrzeugen in der Stadt zu reduzieren und eine «grüne Hülle» zur Kühlung, Sauerstoffzufuhr und Schmutzfilterung zu schaffen. Plätze wurden mit porösem Material, das Regenwasser auffängt, neu gepflastert; sämtliche schwarzen Dächer wurden weiß gestrichen, Pflanzen wurden omnipräsent. Sie verringerten den Lärm, setzten Sauerstoff frei, isolierten Südwände, beschatteten Gehsteige und gaben Wasserdampf in die Luft ab. Der gewaltige Aufwand erwies sich als Riesenerfolg und wurde auf der ganzen Welt nachgeahmt. Die Wirtschaft Madrids erlebte einen Boom, da sie durch ihre Expertise nun an der Speerspitze einer neuen Industrie stand. Die meisten Städte erkannten, dass geringere Temperaturen den Lebensstandard erhöhen. Es gibt zwar immer noch Slums, doch die Bäume, die an den meisten Orten den Temperaturanstieg zumindest abfedern konnten, machen das Ganze für alle erträglicher.

Die Städte neu zu überdenken und neu zu strukturieren, war ein entscheidender Schritt bei der Lösung des Klimaproblems. Es bedurfte jedoch weiterer Schritte, was bedeutete, dass die globalen Wiederbegrünungsmaßnahmen weit über die Städte hinausgehen mussten. Die weltweite Walddecke beträgt nun 50 Prozent, und auch der Agrarsektor hat sich in Richtung einer baumbasierten Landwirtschaft weiterentwickelt.[3] Infolgedessen sind viele Länder nicht wiederzuerkennen. Niemand scheint die endlosen Agrarflächen oder Monokulturen zu vermissen. Heute haben wir schattige Nuss- und Obsthaine, Nutzwälder, in denen Vieh grast, und kilometerweite Parklandschaften, in denen sich regenerierte Bestäuber-Populationen tummeln.[4]

Zum Glück für die 75 Prozent der Bevölkerung, die in den Städten leben, durchziehen neue elektrische Eisenbahnen kreuz und quer das ganze Land. In den Vereinigten Staaten haben Hochgeschwindigkeitsstrassen an der Ost- und Westküste den Inlandsflugverkehr zum großen Teil ersetzt, mit Verbindungen von der Ostküste nach Atlanta und Chicago. Da die Fluggeschwindigkeiten gesenkt wurden, um die Treibstoffeffizienz der Flugzeuge zu erhöhen, ist die Reise in Hochgeschwindigkeitszügen manchmal sogar schneller und obendrein völlig emissionsfrei.[5] Die U. S. Train Initiative war ein wegweisendes öffentliches Projekt, das ein Jahrzehnt lang die Wirtschaft befeuerte. Die alten Interstate Highways wurden Kilometer für Kilometer durch ein neues Transportsystem

ersetzt, was Millionen von Arbeitsplätzen schuf – für Eisenbahn-
techniker, Ingenieure und Bauarbeiter, die erhöhte Eisenbahn-
trassen konstruierten und bauten, um Überschwemmungsgebiete
zu überwinden. Durch dieses Mammutprojekt konnten viele
Arbeitslose aus der verschwindenden fossilen Brennstoffindustrie
aufgefangen und umgeschult werden, und nicht zuletzt wurde
eine ganz neue Arbeitnehmergeneration für die innovative neue
Klima-Ökonomie begeistert.

Parallel zu diesen öffentlichen Mega-Projekten richteten sich
die Anstrengungen mit wachsender Zuversicht darauf, erneuerbare Energiequellen möglichst effizient zu nutzen. Auf dem Weg
zu den Netto-Null-Emissionen lag der Fokus zum großen Teil auf
der Elektrizität; dies erforderte nicht nur eine Überholung der
bestehenden Infrastruktur, sondern auch einen strukturellen
Wandel. In mancherlei Hinsicht erwies es sich als einfach, die
Energie zu dezentralisieren. Wir verbrennen keine fossilen Rohstoffe mehr. In den Ländern, die sich die teure Technologie leisten
können, gibt es zwar ein wenig Kernenergie,[6] doch den größten
Anteil haben heute erneuerbare Quellen wie Wind- und Solarenergie, Geothermie und Wasserkraft. Jedes Wohnhaus und auch jedes
sonstige Gebäude produziert seine Energie selbst – jede verfüg-
bare Fläche ist mit Solarfarbe gestrichen. Sie enthält Millionen
von Nanopartikeln, um Energie aus dem Sonnenlicht zu ernten.[7]
An jeder zugigen Ecke steht ein Windrad. Wenn Sie auf einem besonders windigen oder sonnigen Hügel leben, erzeugt Ihr Haus
möglicherweise mehr Energie, als Sie verbrauchen. In diesem Fall
wird die Energie ins smarte Netz zurückgespeist. Da keine Ver-
brennungskosten entstehen, kostet Energie im Grunde nichts. Sie
ist im Überfluss vorhanden und wird effizienter genutzt als je zuvor.

Smarte Technologien verhindern Energieverschwendung. So
schalten KI-Elemente Geräte und Maschinen ab, wenn sie nicht in
Gebrauch sind. Die Effizienz des Systems führt dazu, dass unsere

Lebensqualität, abgesehen von wenigen Ausnahmen, im Großen und Ganzen nicht gelitten hat. In vielerlei Hinsicht hat sie sich sogar verbessert.

Für die entwickelte Welt war die weitreichende Umstellung auf erneuerbare Energien bisweilen unbequem, da sie häufig erforderte, alte Infrastrukturen nachzurüsten oder alles ganz anders zu machen. Für die Entwicklungsländer hingegen war es der Beginn eines neuen Zeitalters. Die für Wirtschaftswachstum und Armutsbekämpfung notwendige Infrastruktur wurde zum größten Teil nach den neuen Standards aufgebaut: niedrige CO_2-Emissionen und hohe Resilienz. In abgelegenen Regionen verfügt die Milliarde Menschen, die zu Beginn des 21. Jahrhunderts noch keinen Strom hatte, heute über Energie aus eigenen Dach-Solarmodulen oder aus Windkraft-Mininetzen in ihren Gemeinden. Der Zugang zu Energie stieß viele Türen auf. Verbesserte Hygiene, Bildung und Gesundheitsvorsorge führen dazu, dass ganze Länder einen großen Sprung nach vorn machen. Menschen, die zuvor nur schwer an sauberes Wasser kamen, können heute ihre Familien damit versorgen. Kinder können nachts lernen. Entlegene Kliniken können effizient arbeiten. Wohnhäuser und andere Gebäude auf der ganzen Welt werden weit über ihren Strombedarf hinaus autark. Zum Beispiel sammeln alle Gebäude Regenwasser und regeln ihren eigenen Wasserverbrauch. Erneuerbare Stromquellen ermöglichten eine lokale Entsalzung, sodass sich nun überall auf der Welt nach Bedarf Trinkwasser herstellen lässt. Dieses Wasser wird auch für Hydrokulturen, Toilettenspülungen und zum Duschen genutzt.[8]

Insgesamt haben wir unser Leben mit einem starken lokalen Fokus erfolgreich neu aufgebaut, reorganisiert und restrukturiert. Obwohl die Energiepreise dramatisch gefallen sind, ziehen wir ein lokales Leben langen Arbeitswegen vor. Dank besserer digitaler Vernetzung arbeiten viele Menschen im Homeoffice, wodurch sie flexibler sind und über mehr Freizeit verfügen.

Daneben stärken wir Gemeinschaften. Als Kind haben Sie Ihre Nachbarn möglicherweise nur im Vorübergehen wahrgenommen. Die Neuausrichtung des Lebens aufs Lokale mit dem Ziel, dass alle Dinge des Lebens kostengünstiger, sauberer und nachhaltiger werden, hat jedoch auch hier zu einer fundamentalen Verschiebung geführt: Was früher auf individueller Ebene stattfand, wird heute gemeinschaftlich betrieben – etwa der Gemüseanbau, die Regenwasserspeicherung und die Kompostierung. Ressourcen und Verantwortung werden geteilt. Anfangs widerstrebte vielen die *neue Gemeinsamkeit* – sie waren daran gewöhnt, alles individuell und innerhalb ihrer häuslichen Privatsphäre zu tun. Doch konnten sie sich relativ rasch für die neue Kameradschaft und das unerwartete Unterstützungsnetzwerk erwärmen und lernten diese Dinge zu schätzen. Für die meisten Menschen hat sich der neue Lebensstil als die bessere Glücksformel erwiesen.

Nahrungsmittelproduktion und -verteilung sind ein wichtiger Teil der gemeinschaftlichen Anstrengungen. Als klar wurde, dass die industrialisierte Landwirtschaft revolutioniert werden musste, fand ein rascher Übergang zu einer regenerativen Landwirtschaft statt: Mehrjährige Pflanzen wurden nun gemischt angebaut, die Fruchtfolge großer Agrarbetriebe verbessert, nachhaltige Beweidungskonzepte entwickelt. Kleinere Höfe traten für die kommunale Versorgung mehr und mehr in den Vordergrund.[9]

Statt in einem großen Supermarkt Produkte einzukaufen, die Hunderte, wenn nicht Tausende von Kilometern eingeflogen worden sind, kaufen die meisten ihre Lebensmittel heute bei kleinen, lokalen Bauern und Produzenten. Gebäude, Wohnviertel und auch Großfamilien bilden Nahrungsmittel-Einkaufsgruppen. Gemeinsam abonnieren sie eine wöchentliche Lieferung, die dann unter den Gruppenmitgliedern verteilt wird. Für Verteilung, Planung und Management ist jedermann gleichermaßen verantwortlich. Konkret bedeutet dies etwa, dass man in der einen Woche mit einem Mitbewohner in einer unteren Etage für die Verteilung zuständig ist, in der nächsten Woche mit jemandem aus den oberen Stockwerken. Dieser gemeinschaftliche Ansatz macht die Nahrungsmittelbeschaffung zwar einfacher, doch sind Lebensmittel trotzdem teuer und machen etwa 30 Prozent des Haushaltsbudgets aus, weshalb der Eigenanbau so wichtig ist.[10] In Gemeinschaftsgärten, auf Dächern, in Schulen und sogar in vertikalen Hängekulturen auf Balkonen – überall werden Lebensmittel angebaut.

Durch den Eigenanbau haben wir erkannt, dass Lebensmittel teuer sind, weil sie teuer sein *sollten* – schließlich benötigt man für den Anbau wertvolle Ressourcen: Wasser, Erde, Schweiß, Zeit.[11] Aus diesem Grunde sind sehr ressourcenintensive Nahrungsmittel – tierisches Eiweiß und Milchprodukte – so gut wie von unserer Speisekarte verschwunden.[12] Die Ersatzprodukte auf pflanzlicher Basis sind jedoch so gut, dass die meisten das Fehlen von Fleisch und Milchprodukten gar nicht bemerken. Die meisten kleinen Kinder können kaum glauben, dass wir einmal Tiere getötet haben, um sie zu Lebensmitteln zu verarbeiten. Fisch ist noch erhältlich, wird aber gezüchtet; die Erträge werden dank verbesserter Technologien optimal gesteuert.[13]

Wir treffen klügere Entscheidungen hinsichtlich schlechter Lebensmittel, die einen stetig sinkenden Anteil unserer Ernährung darstellen. Steuern auf verarbeitete Fleischprodukte, Zucker und fetthaltige Lebensmittel haben geholfen, die CO_2-Emissionen in der Landwirtschaft zu senken. Besonders positiv aber wirkte sich dies auf die Gesundheit aus. Dank deutlich gesenkten Zahlen bei Krebs, Herzinfarkten und Schlaganfällen werden die Menschen älter, und die Gesundheitssysteme weltweit benötigen immer weniger Geld. Tatsächlich ließ sich ein großer Teil der Kosten, die die Maßnahmen gegen den Klimawandel verursachten, durch Einsparungen im Gesundheitswesen wettmachen.[14]

Auch Benzin- und Dieselfahrzeuge zählen längst zu den Anachronismen. Die meisten Länder untersagten 2030 die weitere Produktion,[15] danach dauerte es noch 15 Jahre, bis auch die letzten

Verbrenner von den Straßen verschwunden waren. Heute sind sie
nur noch in Verkehrsmuseen und bei besonderen Rennen zu
sehen, bei denen die Fahrer eine Startgebühr entrichten, um ein
paar Kilometer auf der Piste zu fahren. Selbstverständlich werden
sie allesamt auf den Ladeflächen großer elektrischer Lastwagen an
Ort und Stelle transportiert.

Als die Zeit kam, den Wandel endgültig zu vollziehen, waren
manche Länder bereits eine Nasenlänge voraus. Technologie-Län-
der wie Norwegen und fahrradfreundliche Nationen wie die Nie-
derlande hatten schon wesentlich früher einen Verbrenner-Stopp
verhängt. Wenig überraschend, dass die Vereinigten Staaten die
größten Schwierigkeiten damit hatten. Zuerst wurde der Verkauf
beschränkt, dann die Nutzung in bestimmten Stadtteilen verboten, sogenannten Ultra Low Emission Zones.[16] Dann kam der
Durchbruch in der Akkuladekapazität von Elektromobilen,[17] die
Kostenreduktion durch neu entdeckte Materialien in der Herstel-
lung und schließlich die komplette Neuordnung der Lade- und
Park-Infrastruktur.[18] Dies ermöglichte den Menschen einen leich-
teren Zugang zu billigem Strom für ihre Elektrofahrzeuge. Besser
noch: Autobatterien sind inzwischen bidirektional mit dem
Stromnetz verbunden, sodass sie entweder Strom aus dem Netz
ziehen oder Strom ins Netz abgeben, wenn sie nicht gefahren werden. Dies dient der Sicherung des «smarten» Stromnetzes, das mit
erneuerbaren Energien gespeist wird.

Die große Verfügbarkeit und Bequemlichkeit elektrischer Fahrzeuge war verlockend, den entscheidenden Anstoß für ein Umdenken brachte jedoch unser Geschwindigkeitshunger.[19] Will man
eine schlechte Angewohnheit loswerden, soll man sie angeblich
durch eine andere ersetzen, die zuträglicher oder wenigstens
ebenso erfreulich ist. Anfangs beherrschte China den Markt für
Elektromobile, doch bald begannen US-Konzerne mit der Herstel-
lung von Elektrofahrzeugen, die begehrenswerter waren als je zuvor. Sogar einige Klassiker wurden nachgerüstet und die Verbren-

nungs- durch Elektromotoren ersetzt, die in dreieinhalb Sekunden von null auf 100 Stundenkilometer beschleunigten.[20] Es ist schon sehr seltsam, dass wir so lange brauchten, um zu erkennen, dass der Elektromotor schlicht der bessere Antrieb ist. Er bietet ein höheres Drehmoment, höhere Geschwindigkeiten und die Möglichkeit der Energierückgewinnung beim Bremsen. Nicht zuletzt ist er vergleichsweise wartungsarm.

Als die Menschen vermehrt vom Land in die Stadt zogen, hatten sie aber selbst für Elektrofahrzeuge kaum noch Bedarf.[21] In der Stadt von A nach B zu gelangen, ist heute ganz einfach – der Verkehr läuft reibungslos. Wenn Sie den Elektrozug nehmen, müssen Sie nicht mehr umständlich eine U-Bahn-Karte lösen oder vor der Kasse Schlange stehen – das System erkennt Ihren Standort, weiß dadurch, wo Sie ein- und aussteigen, und bucht den entsprechenden Betrag von Ihrem Guthaben ab. Daneben machen wir uns auch keinerlei Gedanken mehr über das Carsharing. Die Nutzungsregulierung und die Gewährleistung der Sicherheit im Bereich fahrerloser Gemeinschaftsfahrzeuge war die größte verkehrstechnische Hürde, welche die Städte zu überwinden hatten. Ziel war es, in Privateigentum befindliche Fahrzeuge bis 2050 vollständig aus großen Metropolregionen zu verbannen.[22] Das haben wir noch nicht ganz erreicht, aber wir sind auf einem guten Weg.

Daneben haben wir auch unsere Transportbedürfnisse über Land reduziert. 3D-Drucker sind überall erhältlich, sodass die Menschen viele Artikel nicht mehr fernab von Zuhause kaufen müssen.[23] In speziellen Luftkorridoren organisierte Drohnen liefern Pakete aus und senken den Bedarf an Fahrzeugen weiter.[24] Deshalb verschmälern wir derzeit viele Straßen, beseitigen Parkplätze und investieren in Stadtplanungsprojekte zugunsten von Fußgängern und Radfahrern. Parkhäuser werden ausschließlich für Carsharing, das Aufladen von Elektromobilen und zur Lagerung genutzt – die hässlichen Betonbauten von einst sind inzwischen von einer grünen Hülle umgeben. Überhaupt scheinen

Städte ideale Orte für die Koexistenz von Mensch und Natur zu sein. Auch die internationale Luftfahrt hat sich vollkommen gewandelt. Biotreibstoffe haben das Kerosin ersetzt. Die Kommunikationstechnologien sind so hoch entwickelt, dass wir an virtuellen Treffen überall auf der Welt teilnehmen können, ohne zu reisen. Es gibt noch einen Luftverkehr, doch ist dieser selten und extrem teuer geworden. Da Arbeit inzwischen zunehmend dezentralisiert wird und häufig nicht mehr an einen festen Ort gebunden ist, planen und sparen die Menschen auf sogenannte Slowcations – internationale Reisen, die statt einigen Tagen mehrere Wochen oder gar Monate dauern. Wenn Sie in den Vereinigten Staaten leben und Europa besuchen wollen, dann möchten Sie dort vielleicht mehrere Monate oder länger verbringen und sich mit lokalen, emissionsfreien Verkehrsmitteln über den Kontinent bewegen.[25]

Es ist uns zwar gelungen, unsere CO_2-Emissionen zu reduzieren, doch haben wir immer noch mit den Folgewirkungen von Rekordhochs in der Atmosphäre zu kämpfen. Die langlebigen Treibhausgase können nirgendwohin entweichen als in die bereits stark belastete Atmosphäre, sodass sie nach wie vor für extreme Wetterlagen sorgen – wenn sie auch etwas weniger extrem sind, als sie es wären, hätten wir weiterhin fossile Brennstoffe verbrannt. Gletscher und arktisches Eis schmelzen weiterhin, und der Meeresspiegel steigt. Schwere Dürren suchen den Westen der Vereinigten Staaten, den Mittelmeerraum und Teile Chinas heim. Vermehrt kommt es dort auch zu Wüstenbildungen. Anhaltende Wetterextreme und Ressourcenschwund vervielfachen bestehende Ungleichheiten beim Einkommen, im Gesundheitswesen, bei der Nahrungsmittelversorgung und beim Zugang zu Trinkwasser. Inzwischen haben die Regierungen den Faktor Klimawandel jedoch als das Bedrohungsszenario schlechthin erkannt. Dieses Bewusstsein gestattet es, nachgelagerte Probleme vorherzusehen und ihnen vorzubeugen, bevor sie zu humanitären Krisen werden.[26] Zwar sind nach wie vor viele Menschen tagtäglich Gefahren ausgesetzt, doch ist die Situation nicht so drastisch oder chaotisch, wie sie vielleicht hätte sein können.[27] Die Ökonomien der Entwicklungsländer sind stark, und dank einer neu gewonnenen Zuversicht haben sich überraschende internationale Bündnisse gebildet. Wenn heute eine Bevölkerung Hilfe benötigt, mangelt es nicht am politischen Willen und den erforderlichen Ressourcen, um dieser Notlage zu begegnen.

Die fortdauernde Flüchtlingslage eskaliert seit mehreren Jahrzehnten und bietet noch immer Anlass für Streit und Unfrieden. Seit etwa 15 Jahren aber sprechen wir nicht mehr von einer Krise. Die Länder haben sich auf Richtlinien im Umgang mit dem Flüchtlingszustrom geeinigt – wie man Bevölkerungen sanft eingliedert, wie man Hilfe und Ressourcen verteilt und wie man die Probleme innerhalb bestimmter Regionen gemeinsam löst. Diese Übereinkünfte funktionieren meist recht gut, obgleich gelegentlich alles aus dem Ruder läuft, wenn ein Land ein oder zwei Wahlperioden lang mit dem Faschismus flirtet.

Der Unternehmens- und Technologiesektor reagierte rasch und sicherte sich staatliche Aufträge zur Ernährung und Unterbringung der Heimatvertriebenen. Eine Firma entwickelte einen riesigen Roboter, der selbstständig dazu in der Lage ist, innerhalb weniger Tage eine Behausung für vier Personen zu bauen.[28] Automation und 3D-Drucker ermöglichen die schnelle und preisgünstige Errichtung hochwertiger Flüchtlingsunterkünfte. Aus dem Privatsektor kamen Innovationen in den Bereichen Wasserversorgung und Sanitärlösungen. Weniger Zeltstädte haben zu weniger Cholera geführt.

Wir wissen, dass wir alle im selben Boot sitzen. Eine Katastrophe, die sich in einem Land ereignet, tritt höchstwahrscheinlich innerhalb der nächsten Jahre auch in einem anderen ein. Wenn wir in diesem Jahr einen Weg zur Rettung der Pazifikinseln vor dem steigenden Meerwasserspiegel finden, haben wir in noch einmal fünf Jahren vielleicht auch eine Möglichkeit zur Rettung Rotterdams. Wir brauchten eine Weile, bis wir das begriffen hatten. Es liegt im Interesse jedes einzelnen Landes, seine gesamten Ressourcen zur Lösung weltweiter Probleme einzusetzen. Zum einen ist es schlicht und einfach klug, innovative Lösungen als Reaktion auf den Klimawandel zu entwickeln und diese – Jahre vor ihrem tatsächlichen Einsatz – eingehend zu erproben. Zum anderen schaffen wir so einen Nährboden des guten Willens: Wenn wir einmal Hilfe brauchen, wissen wir, dass wir auf die Hilfe anderer zählen können.

Der Zeitgeist hat sich grundlegend gewandelt. Unsere Einstellung gegenüber der Welt wie auch gegenüber unseren Mitmenschen hat sich nachhaltig und unerwartet verändert.

Als im Jahre 2020 vor allem dank der Jugendbewegung die Alarmglocken läuteten, erkannten wir, dass unsere Gesellschaften an zu viel Konsum, Wettbewerb und gierigem Eigeninteresse krankten. Das Bekenntnis zu diesen Werten sowie unser Streben nach Status und Profit hatten dazu geführt, dass wir unsere Umwelt plattwalzten. Als Spezies waren wir außer Kontrolle, mit der Folge, dass unsere Welt kurz vor dem Kollaps stand. Wir konnten die Augen nicht länger davor verschließen, dass jede Ablehnung von Regeneration, Zusammenarbeit und Gemeinschaft unweigerlich zur drohenden Zerstörung führen musste.

Es wäre unmöglich gewesen, der Selbstvernichtung zu entgehen, hätten wir nicht unsere Einstellung und unsere Prioritäten geändert, hätten wir nicht erkannt, dass es letztlich der Menschheit zugutekommt, wenn wir etwas Gutes für die Erde tun. Die fundamentalste Veränderung war, dass wir als Bürger, Unternehmen und Staaten kollektiv begannen, eine neue Grundsatzfrage zu stellen: «Ist es wichtig für die Menschheit, ob Profit gemacht wird oder nicht?»

Die Klimakrise zu Jahrhundertbeginn riss uns aus unserer Lethargie. Als wir uns daranmachten, unsere Umwelt zu retten und zu schützen, war es nur natürlich, dass wir auch untereinander größere Umsicht und Fürsorge walten ließen. Wir erkannten, dass der Fortbestand unserer Spezies mehr erforderte, als uns vor Witterungsextremen zu schützen. Es ging darum, einen angemessenen Umgang mit dem Land *und* unseren Nächsten zu pflegen. Als wir unseren Kampf um das Schicksal der Menschheit begannen, dachten wir zunächst nur an das Überleben der Spezies, doch irgendwann begriffen wir, dass es dabei auch um das Schicksal *unserer Menschlichkeit* ging. So gingen wir aus der Klimakrise als gereifte Mitglieder einer Lebensgemeinschaft hervor, die nicht nur in der Lage waren, Ökosysteme wiederherzustellen, sondern auch, unsere schlummernden Potenziale menschlicher Stärke und Einsicht zu entfalten.

Die Menschheit war immer nur so verdammt, wie sie sich verdammt glaubte. Diesen (Un-)Glauben überwunden zu haben, ist unser eigentliches Vermächtnis.

Teil II

DREI DENKWEISEN

Kapitel 4

Wer wollen wir sein?

Unsere Zukunft ist ungeschrieben. Sie wird dadurch geformt, wer wir heute sein wollen.

Bei der Leitung des Pariser Abkommens erkannten wir, dass man komplexe Problemsituationen zwar nur selten als Ganzes beherrscht, aber dennoch über Gestaltungsmöglichkeiten verfügt. Die wirksamste ist das eigene Verhalten, welches katalytisch für größere Veränderungen sein kann. Angesichts großer Herausforderungen gehen wir häufig schnell zum «Tun» über, anstatt uns zuvor Gedanken über das «Sein» zu machen – was *wir* ganz persönlich und vielleicht auch andere mitbringen, um ein bestimmtes Problem zu lösen. Das Wichtigste dabei ist unsere Denkweise.

Mahatma Gandhi fordert uns auf, die Veränderung zu sein, die wir sehen wollen. Unsere Handlungen sind zum großen Teil von der Denkweise bestimmt, die wir im Vorgriff auf unser Handeln entwickeln. Wenn wir vor einer dringenden Aufgabe stehen, erscheint es kontraintuitiv, erst in sich selbst hineinzuhören, aber es ist wichtig.

Der Versuch, auf Basis einer in der Vergangenheit vorherrschenden Denkweise eine Veränderung herbeizuführen, führt unweigerlich zu unzureichenden, stufenweisen Fortschritten. Um Raum für eine Transformation zu schaffen, müssen wir unser Denken und unser Selbstverständnis grundlegend verändern. Wenn nicht weniger als die menschliche Lebensqualität der kommenden Jahrhunderte auf dem Spiel steht, kann es schließlich nicht verkehrt sein, einmal gründlich zu hinterfragen, wie wir uns selbst sehen. Paradoxerweise ist ein Systemwandel eine zutiefst persönliche Angelegenheit. Unsere gesellschaftlichen und wirtschaftlichen Strukturen sind ein Produkt unserer Denkweise.

So fußt unsere Wirtschaft beispielsweise auf der Annahme, dass wir Ressourcen endlos ausbeuten, ineffizient nutzen und gedankenlos entsorgen können. Dadurch entziehen wir dem Planeten mehr, als dieser regenerieren kann, und verschmutzen mehr, als wir selbst wieder reinigen können. Im Laufe der Zeit haben wir ein zutiefst ausbeuterisches Ethos als Basis unseres Handelns entwickelt.

Das funktioniert so nicht mehr.

Naturwissenschaftler haben vielfach nachgewiesen, dass wir verschiedene planetare Grenzen erreicht haben, jenseits derer die Biosysteme der Erde nicht mehr lebenserhaltend sind. Schon bald wird wenig übrig sein, das sich entnehmen und ausbeuten lässt. Besorgte Sozialwissenschaftler sagen klar und deutlich, was zu tun ist: Wir müssen zu einer regenerativen Wirtschaft finden, einer Wirtschaft, die in Einklang mit der Natur stattfindet, die genutzte Ressourcen wiederverwendet, Müll minimiert und verbrauchte Ressourcen wieder aufstockt. Wir müssen zum eigentlichen Wesen der Natur zurückfinden, die alle Ressourcen regeneriert und recycelt.

Weniger Einigkeit herrscht hinsichtlich der Tatsache, dass wir an die Grenzen unseres individualistischen, vom Wettbewerb geprägten Lebensstils gestoßen sind. Lange Zeit stellten westliche Zivilisationen Eigeninteresse über Gemeinschaftswohl. Wir müssen daher sowohl unser Selbstverständnis als auch das Verständnis unserer Beziehung zu anderen erweitern. Dasselbe gilt für unser Verhältnis zu den natürlichen Systemen, die menschliches Leben auf diesem Planeten ermöglichen.

Die derzeitige Krise erfordert ein radikales Umdenken. Um zu überleben und uns weiterzuentwickeln, müssen wir begreifen, dass wir mit der Natur als Ganzes untrennbar verbunden sind. Wir müssen lernen, uns dauerhaft als Verwalter und Bewahrer zu verstehen. Dieser Wandel beginnt beim Einzelnen. Wer wir sind und wie wir in der Welt auftreten, definiert, wie wir mit anderen zusammenarbeiten, wie wir mit unserer Umgebung interagieren, und schließlich die Zukunft, die wir gemeinsam schaffen.

Wir glauben, dass drei Denkweisen für uns alle grundlegend sind, wenn wir gemeinsam eine bessere Welt schaffen wollen. Absichtlich ein wenig provokant nennen wir sie «hartnäckigen Optimismus», «unerschöpflichen Reichtum» und «radikale Regeneration». Diese Denkweisen sind nicht neu. Leuchtende Beispiele finden sich bei berühmten historischen Figuren, doch erfordert die Zukunft, die wir schaffen wollen, dass sie allgemein verbreitet sind. Diese Wesenseigenschaften sind natürliche menschliche Fähigkeiten (individuelle und kollektive), Wertvorstellungen, die geweckt, genährt und in der harten täglichen Praxis weiterentwickelt werden können.

Ein Bewusstseinswandel klingt für die Einen vielleicht toll, die Anderen hingegen finden ihn unzureichend. Doch leben wir in einer Zeit wachsenden Bewusstseins für die engen Verflechtungen von äußerer und innerer Welt. Dazu sagt die Umweltaktivistin, Wissenschaftlerin und Autorin Joanna Macy: «In der Vergangenheit betrachtete man eine Veränderung des Selbst und eine Veränderung der Welt als voneinander getrennte Unterfangen, die sich gegenseitig ausschlossen. Das trifft längst nicht mehr zu.»[1] In der realen Vernetzung von Mensch und Natur laufen wissenschaftliches Verständnis und spirituelle Einsichten zusammen.

Die transformative Kraft der drei Denkweisen liegt nicht nur in ihnen selbst, sondern auch in der jeweiligen Richtung, die sie bieten. Da wir in unserem Leben an viele Formen des Status Quo gebunden sind (Beziehungen, Job, Zuhause usw.), gaukeln wir uns häufig vor, sie wären dauerhaft. Tatsächlich aber ist nichts von Dauer; alles verändert sich laufend, ganz gleich, wie sehr wir auf einem Stillstand beharren oder uns an flüchtige Momente klammern. Einen gewünschten Wandel herbeizuführen, erfordert stets, bewusst eine Richtung einzuschlagen.

Diese Richtung muss uns vom Defätismus zum Optimismus führen, von der Entnahme zur Regeneration, von der linearen zur zirkulären Ökonomie, vom individuellen Profit zum Allgemeinwohl, vom kurzfristigen zum langfristigen Denken und Handeln. Indem wir die drei Denkweisen pflegen, verleihen wir unserem Leben und unserer Welt eine klarere, stärkere Richtung und schaffen so die notwendige Grundlage dafür, kollektiv die Welt zu schaffen, die wir wollen.

Kapitel 5

Hartnäckiger Optimismus

Vor 2500 Jahren begriff Siddhartha Gautama, der Mann, den man heute als Buddha kennt, den Optimismus. Er sagte oft, dass ein klarer Verstand am Ziel des Pfades der Erleuchtung stehe, aber auch der erste Schritt dorthin sei. Durch einen klaren Verstand kommt man voran. Ohne ihn ist kein Fortschritt möglich. Buddha erkannte außerdem, dass wir unseren Einstellungen nicht passiv ausgesetzt sind, sondern aktiv an ihrer Entstehung teilhaben. Die Neurowissenschaft hat das mittlerweile bestätigt. Es spielt keine Rolle, ob wir von Natur aus zum Optimismus oder zum Pessimismus neigen. An diesem Punkt in der Geschichte tragen wir die Verantwortung, das Notwendige zu tun, was für die meisten Menschen mit einer bewussten geistigen Neuprogrammierung verbunden ist.

Die psychologische Forschung zeigt, dass Einstellungen veränderbar sind, wenn wir zunächst unsere Denkmuster analysieren und dann ganz bewusst einen konstruktiveren Ansatz verfolgen. Diese Praxis erfordert, dass wir diese Muster erkennen, die unbewussten Annahmen herausfiltern und sie infrage stellen, wenn sie uns nicht nutzen.[1]

Das ist nicht kompliziert, aber auch nicht einfach. Grundsätzlich reagieren wir automatisch auf negative Dinge, die um uns herum passieren. Vom neuesten, beängstigenden Klimabericht bis zum verpassten Bus haben wir erlernte Reaktionen auf sämtliche Phänomene, denen wir im Leben begegnen, und diese eingeübten Handlungsweisen legen fest, wie wir uns in einer bestimmten Situation verhalten. Was den Klimawandel betrifft, so reagiert die überwiegende Mehrheit der Menschen mit erlernter Hilflosigkeit. Wir sehen die Richtung, in welche sich die Welt bewegt, und schlagen die Hände über dem Kopf zusammen. Ja, denken wir, das ist schrecklich, aber es ist so komplex und so groß und so übermächtig. Wir können nichts tun, um es aufzuhalten.

Diese erlernte Hilflosigkeit ist nicht nur falsch, sondern grundsätzlich auch unverantwortlich. Wenn Sie etwas gegen den Klimawandel unternehmen wollen, müssen Sie sich eine andere Reaktion beibringen. Und das können Sie. Sie können Ihren Fokus verschieben, und Sie werden verblüfft sein, welche Wirkung eine solche Verschiebung entfalten kann. Sie brauchen nicht alle Antworten parat zu haben, und Sie brauchen sich auch keinesfalls vor der Wahrheit zu verstecken, was Sie auch nicht sollten. Wenn Sie mit der harten Realität konfrontiert werden, dann betrachten Sie diese mit klarem Verstand, machen sich aber bitte auch bewusst, welches Glück Sie haben, in einer Zeit zu leben, in der Sie für die Zukunft des Lebens auf der Erde einen nachhaltigen Wandel herbeiführen können.

Sie sind nicht machtlos. Tatsächlich ist sogar jede Ihrer Handlungen bedeutsam, und Sie sind Teil der größten menschlichen Leistung in der Geschichte. Machen Sie das zu Ihrem geistigen Mantra. Sie werden merken, wie Ihr Verstand versucht, auf Ihrer Hilflosigkeit angesichts der Herausforderung zu beharren und sich weigert, diese zu akzeptieren. Nehmen Sie das zur Kenntnis, und entkräften Sie es. Es wird nicht lange dauern, bis sich Ihre Denkmuster verändern.

Wenn Ihr Verstand Ihnen sagt, dass es zu spät sei, um noch etwas zu ändern, dann denken Sie daran, dass jeder Bruchteil eines Grads zusätzlicher Erwärmung einen großen Unterschied macht und deshalb jede Emissionsminderung die künftige Belastung verringert.

Wenn Ihr Verstand Ihnen sagt, dass das alles viel zu deprimierend sei und man sich besser darauf konzentrieren solle, was man direkt beeinflussen kann, dann denken Sie daran, dass die Mobilisierung für große generationsübergreifende Herausforderungen spannend sein kann, weil sie sinnstiftend wirkt und Ihr Leben in einen größeren Zusammenhang einbindet.

Wenn Ihr Verstand Ihnen sagt, dass es unmöglich sein werde, die Abhängigkeit der Welt von fossilen Brennstoffen zu senken, dann denken Sie daran, dass etwa im Vereinigten Königreich bereits mehr als 50 Prozent der Energie aus sauberen Quellen stammt,[2] dass Costa Rica zu 100 Prozent «sauber» ist,[3] und dass Kalifornien plant, zu 100 Prozent saubere Energie zu nutzen – inklusive Autos und Lkw –, wenn die heutigen Kleinkinder das College beendet haben.[4]

Wenn Ihr Verstand Ihnen sagt, dass das Problem in einem korrupten politischen System verwurzelt sei, wir daran nichts ändern könnten und es somit keinen Sinn habe, irgendetwas zu tun, dann denken Sie daran, dass politische Systeme dennoch auf die Meinungen von Menschen reagieren, und die Menschen in der gesamten Geschichte regelmäßig außergewöhnliche Widerstände überwunden haben, um einen politischen Wandel herbeizuführen.

Und wenn Ihr Verstand Ihnen sagt, dass Sie nur ein einzelner Mensch seien, zu klein, um etwas zu bewegen, und Sie sich deswegen am besten nicht unnötig aufregen sollten, dann können Sie sich daran erinnern, dass Kipppunkte, sogenannte Tipping Points, nicht linear sind. Wir wissen nicht, wodurch etwas schlussendlich bewegt wird, aber wir wissen, dass Systeme sich durchaus verändern und viele kleine Handlungen am Ende eine neue Welt schaffen. Jedes Mal, wenn Sie die individuelle Entscheidung tref-

fen, ein verantwortungsbewusster Bewahrer dieser wunderschö-
nen Erde zu sein, leisten Sie einen kleinen Beitrag zu weitreichenden Veränderungen.

Auch wenn Sie nicht religiös oder spirituell sind, denken Sie
einmal an den Steinmetz im Europa des Mittelalters, der am Bau
einer großen Kathedrale beteiligt war. Er hätte beschließen können, seine Werkzeuge niederzulegen, weil er die Baufertigstellung
nicht mehr persönlich erleben würde. Stattdessen arbeitete er
geduldig und sorgfältig an seinem einen Stück, da er wusste, dass
er Teil eines großen kollektiven Projekts war, das Herz und Verstand vieler Generationen bewegen würde. Das ist Optimismus.
Diesen zu kultivieren, wird nicht nur einen wichtigen Schritt in
der weiteren Menschheitsgeschichte darstellen, sondern auch unser heutiges Leben verbessern.

Václav Havel beschrieb den Optimismus treffend als «einen
Zustand des Geistes, nicht der Welt».[5] Soll dieser Geisteszustand
transformativ sein, gelten allgemein drei Merkmale als unverzichtbar: die Absicht, über den unmittelbaren Horizont hinauszublicken,
die Bereitschaft, sich mit der Ungewissheit des Endergebnisses ab-
zufinden, und das Engagement, das durch diese Geisteshaltung be-
günstigt wird. Um optimistisch zu sein, muss man die schlechten
Nachrichten in Kauf nehmen, die so gut wie allgegenwärtig sind:
in wissenschaftlichen Beiträgen, News-Feeds, Twitter-Accounts und
Gesprächen am heimischen Küchentisch, bei denen der aktuelle
Stand der Dinge beklagt wird. Etwas schwieriger, aber unerlässlich
für das Herbeiführen jeder Veränderung ist es, trotz offensicht-
licher Widrigkeiten zu erkennen, dass eine andere Zukunft nicht
nur möglich ist, sondern still und leise bereits Einzug in unseren
Alltag hält. Ohne die schlechten Nachrichten zu leugnen, müssen
wir uns bewusst auf die vielen guten Nachrichten im Zusammenhang mit dem Klimawandel fokussieren, etwa die stetig fallenden
Preise für erneuerbare Energien, die wachsende Zahl von Ländern,
die sich für 2050 oder früher ein Erreichen der Netto-Null-Emis-

sionen zum Ziel gesetzt haben, die vielen Städte, in denen Verbrennungsmotoren inzwischen verboten sind, und die zunehmenden Kapitalströme von der alten zur neuen Ökonomie. Noch geschieht nichts davon im notwendigen Tempo, aber es passiert etwas. Optimismus bedeutet, in der Lage zu sein, die gewünschte Zukunft bewusst zu identifizieren und vorzugeben und sie damit aktiv etwas näher zu bringen.

Es ist immer leichter, sich an Gewissheiten zu klammern, anstatt für etwas zu arbeiten, weil es richtig und gut ist, gleichgültig, wie die aktuellen Erfolgschancen auch sein mögen. Sämtliche Maßnahmen gegen den Klimawandel müssen noch weiter ausgebaut werden; keine davon garantiert am Ende einen Erfolg. Wir wissen nicht, welche erneuerbaren Energien, wenn überhaupt, das Rennen machen – beziehungsweise einer rasch wachsenden Nachfrage gerecht werden können. Die Probleme mit den Akkumulatoren elektrischer Fahrzeuge (Gewicht, Kosten, Wiederverwertung) müssen noch gelöst werden, und es gibt immer noch nicht ausreichend Ladestationen, damit sich diese Variante der Mobilität durchsetzen kann. Finanzinstrumente müssen mit den Risiken neuer Technologien effizienter umgehen. Marktmodelle, die uns von Haus- und Automobil-Einzeleigentümern zu Gemeinschaftseigentümern machen, müssen stärkere Verbreitung und einen festen Platz im Regulierungsdschungel finden.

Wenn Sie nicht mit Scheuklappen, sondern offenen Auges in die Zukunft blicken, dann sehen Sie, dass man diese Unsicherheiten hinnehmen muss, wenn man nicht im Überkommenen verharren will. Man muss bereit sein, Risiken, Verzögerungen und Enttäuschungen in Kauf zu nehmen, sonst bleibt einem auf Gedeih und Verderb nur das Altbewährte, das einem schließlich und endlich zum Verhängnis wird.

Diese Denkweise ist umso wichtiger, wenn man erst erkennt, dass die Gewohnheiten, Praktiken und Technologien der Vergangenheit nur zu wirtschaftlichem Niedergang und menschlichem

Elend führen. Unsere Wirklichkeit optimistisch zu betrachten, bedeutet, zu erkennen, dass eine andere Zukunft kein leeres Versprechen, sondern möglich ist. Angesichts des Klimawandels müssen wir alle optimistisch sein – nicht, weil der Erfolg garantiert ist, sondern, weil ein Scheitern undenkbar ist.

Optimismus verleiht Kraft; er verstärkt den Wunsch, sich zu engagieren, etwas beizutragen, etwas zu bewegen. Er bewirkt, dass Sie morgens aus dem Bett springen, weil Sie sich gleichermaßen gefordert fühlen und hoffnungsvoll sind. Er sensibilisiert Sie für aktuelle Entwicklungen und bewirkt, dass Sie an der Veränderung aktiv teilhaben wollen. Rebecca Solnit formuliert es zutreffend so: «Hoffnung ist die Axt, mit der man in einem Notfall Türen einschlägt; (...) Hoffnung treibt einen an, weil sie einem alles abverlangt, um eine Zukunft abzuwenden, in der endloser Krieg herrscht, die Schätze der Erde vernichtet und die Armen und Unterprivilegierten geschunden werden. Hoffnung bedeutet, sich der Zukunft zu widmen, und durch dieses Engagement für die Zukunft wird die Gegenwart erträglich.»[6]

Mit anderen Worten: Optimismus ist die Kraft, die einen dazu befähigt, eine neue Realität zu schaffen. Optimismus ist nicht das *Ergebnis*, eine Aufgabe bewältigt zu haben, die wir uns selbst gestellt haben. Das ist Erfolg. Optimismus ist vielmehr der notwendige *Input,* um sich einem Problem zu stellen.

Optimismus ist die unerschütterliche Zuversicht in unsere Fähigkeit, große Probleme zu lösen. Er liegt der Entscheidung zugrunde, sich beharrlich dafür einzusetzen, unsere gegenwärtige Realität besser zu machen. Optimismus bedeutet, mit jeder Entscheidung und jeder Handlung aktiv zu beweisen, dass wir in der Lage sind, eine bessere Zukunft zu gestalten.

Aus der Finsternis eines Gefängnisses in Alabama heraus rief Martin Luther King immer wieder dazu auf, einen lang gehegten Traum umzusetzen, ganz gleich, wie trüb die Aussichten auch waren. Viele andere historische Persönlichkeiten haben dasselbe getan: John F. Kennedy weigerte sich, einen scheinbar unvermeidlichen Atomkrieg zu akzeptieren. Gandhi marschierte zum Meer und hob etwas Salz auf, was ihm damals verboten war.

In all diesen Fällen waren die Schlüsselfiguren von der Möglichkeit einer besseren Welt überzeugt und bereit, dafür zu kämpfen. Weder ignorierten sie dabei offenkundige Schwierigkeiten, noch verfälschten sie den Blick auf die Dinge. Stattdessen stellten sie sich der Realität im festen Glauben an die Möglichkeit einer Veränderung, wie unwahrscheinlich diese im Augenblick auch erscheinen mochte.

Auf dem Weg zum Pariser Abkommen von 2015 erfuhren wir, wie entscheidend Optimismus für einen Wandel ist. Als Christiana 2010 die Leitung der jährlichen UN-Klimaverhandlungen übernahm, geschah dies angesichts der gescheiterten Verhandlungen des Vorjahres, die in Kopenhagen stattgefunden hatten.

Kopenhagen war nicht weniger als eine Katastrophe gewesen. Nach Jahren der Vorbereitung und zwei Wochen kräftezehrender Verhandlungen rund um die Uhr blieb das einzige Resultat eine schwache, unzureichende Übereinkunft, die politisch inakzeptabel und rechtlich irrelevant war. Die Vereinigten Staaten hatten peinlicherweise vorschnell einen Erfolg verkündet. China und Indien hatten mit Unterstützung sämtlicher Entwicklungsländer gewaltige Hindernisse aufgetürmt. Es war ein einziges Gerangel gewesen, geprägt von Frustration, Empörung und Dissens.

Es war meilenweit entfernt von dem «Hopenhagen», das die Gastgeber angekündigt hatten.

Sogar Blut war geflossen.

Der venezolanischen Abgesandten Claudia Salerno wurde der Zutritt zu dem kleinen Raum verwehrt, in welchem nur eine Handvoll Staatenlenker hinter verschlossenen Türen verhandelten. Sie war darüber derart wutentbrannt und so wild entschlossen, das Wort zu ergreifen, dass sie die metallene Namenstafel ihres Landes unablässig auf den Tisch schlug, bis ihre Hand blutete.

«Muss ich erst bluten, damit Sie mir Aufmerksamkeit schenken?», schrie sie den dänischen Vorsitzenden an. «Internationale Abkommen können nicht von einer kleinen, exklusiven Gruppe verordnet werden. Sie unterstützen einen Staatsstreich gegen die Vereinten Nationen.» Jeder Satz wurde durch das Schlagen des Metalls und weitere Blutspritzer betont.

Wenn so die Rettung des Planeten aussah, waren wir alle verloren.

Sechs Monate später bat UN-Generalsekretär Ban Ki-moon Christiana, die Leitung der internationalen Klimaverhandlungen zu übernehmen. Dabei hatte er wenig Hoffnung: Sie sollte die Scherben aus der politischen Mülltonne zusammenklauben und irgendetwas daraus machen.

Von höchster UN-Ebene über die Delegierten bis zum von daheim arbeitenden Klimaaktivisten glaubte niemand mehr an die Möglichkeit, ein weltweites, brauchbares Übereinkommen zu erreichen. Alle hielten es für zu kompliziert, zu kostspielig und ohnehin für zu spät.

Folglich bestand eine der schwersten Aufgaben für Christiana darin, erst einmal alle so weit zu bringen, dass sie ein derartiges Abkommen überhaupt für möglich hielten. Sie wusste, dass sie zunächst unbedingt einen Stimmungswandel herbeiführen müsste, bevor sie über die politischen, technischen und rechtlichen Parameter eines möglichen Klimaabkommens nachdenken könnte. Das Unmögliche musste möglich gemacht werden.

Der erste Schritt bestand darin, ihre eigene Einstellung zu ändern.

Als frisch ernannte Generalsekretärin des Sekretariats der Klimarahmenkonvention der Vereinten Nationen hielt Christiana ihre erste und wohl eindrücklichste Pressekonferenz ab. Als neue

Stimme des gesamten internationalen Prozesses saß sie 40 Journalisten gegenüber, die sich in einem fensterlosen Raum des Hotels Maritim in Bonn versammelt hatten.

Nach ein paar nichtssagenden Zwischenrufen stellte jemand die wichtigste Frage: «Frau Figueres, halten Sie ein weltweites Abkommen für möglich?»

Ohne nachzudenken, platzte sie heraus: «Nicht zu meinen Lebzeiten.»

Instinktiv hatte Christiana für die Tausenden von Menschen gesprochen, die in Kopenhagen gewesen waren, und für die weiteren Millionen, die das Prozedere online verfolgt hatten. Die Hoffnung war verflogen, und der Schmerz saß tief. Ihre Worte drückten die vorherrschende Stimmung aus. Die von ihr selbst beschriebene Haltung war genau das Problem. Wenn sie der Verzweiflung erlag – und damit auch der gesamte politische Prozess –, wäre dies auch eine Entscheidung über die Lebensqualität von Millionen benachteiligter Menschen und das Schicksal künftiger Generationen. Das konnte sie nicht geschehen lassen.

Unmöglich ist keine Tatsache. Es ist eine Haltung.

Als Christiana an jenem Tag die Pressekonferenz verließ, kannte sie ihre wichtigste Aufgabe: Sie musste ein Leuchtfeuer sein, das allen erlauben würde, den Weg zu einer gemeinsamen Lösung zu finden. Wie das geschehen könnte, wusste sie nicht, aber es war ihr klar, dass sie keine andere Option hatte.

Einen komplexen Wandel in großem Maßstab herbeizuführen, ist etwa so, als webte man einen kunstvoll entworfenen Teppich mit Tausenden von Menschen, die noch nie vorher gewebt und nicht einmal das Muster gesehen haben. Mehr als 60 Themen wurden in fünf (einander bisweilen überschneidenden) Verhandlungssträngen diskutiert; fast 200 Nationen, 500 UN-Mitarbeiter und Tausende von Teilnehmern aus allen Gesellschaftsschichten waren beteiligt. Natürlich wollten alle eine gute Zukunft für die Menschheit, aber sobald es um etwas konkretere Fragen ging, stand alles zur

Verhandlung, von der Agenda einer einzelnen Sitzung bis hin zu solch strittigen Fragen wie etwa der, wie die Wissenschaft in den Medien dargestellt werden sollte. Wie vorherzusehen, waren Rückschläge und Widerstände rasch an der Tagesordnung.

Während des gesamten Prozesses achteten wir auf problematische, unterschwellige Kräfte und versuchten sie in konstruktive Bahnen zu lenken, damit auf dem fruchtbaren Boden allgemeiner Partizipation und kollektiven Wissens innovative Lösungen entstehen konnten. Regelmäßig waren vorsichtige und gezielte Interventionen notwendig, um die Dynamik zu erhalten, doch durften diese niemals anmaßend wirken. Die Absicht dahinter war, aufgestaute Energie katalytisch freizusetzen und dadurch die nächste Arbeitsebene zu erreichen. Komplexe dynamische Systeme können einschüchternd sein, wenn man sich ihnen mit der Erwartung nähert, sie kontrollieren zu können.

Sie sind jedoch eine spannende Angelegenheit, wenn man sie als sorgsam kuratierte Landschaften voller Potenziale betrachtet, die erblühen, wenn problematische Fragen gelöst werden und das gemeinsame Terrain wächst.

Im Dezember 2015 verabschiedeten 195 Staaten einstimmig das Pariser Abkommen, in dem Hunderte Millionen Menschen auf der ganzen Welt eine historische Errungenschaft sahen. Zweifellos trugen viele Faktoren zu diesem bahnbrechenden Erfolg bei, ebenso wie Tausende von Einzelpersonen, doch der Schlüssel war die ansteckende Geisteshaltung, die zu kollektiver Einsicht und effizienter Entscheidungsfindung geführt hatte. Alle, die bei der Verabschiedung zugegen waren, und die Millionen von Menschen, die sie am Bildschirm verfolgten, blickten nun optimistisch in die Zukunft, doch tatsächlich war Optimismus der Ausgangspunkt dieser Reise gewesen. Das hatte so sein müssen, denn sonst hätten wir niemals irgendein Abkommen erreicht.

Wir müssen uns jedoch ins Gedächtnis rufen, dass in den kommenden, schwierigen Jahren Optimismus allein nicht genügen wird, wie er auch in Paris nicht genug war. Was uns in den langen Nächten und Jahren, die zu dieser ersten Übereinkunft führten, immer weiter antrieb, war jene besondere Art von Optimismus, die für die schwierigsten Aufgaben erforderlich ist: hartnäckiger Optimismus.

Optimismus ist nicht weich, sondern hart. Jeder Tag bringt neue düstere Nachrichten, und ständig sagen irgendwelche Leute, dass die Welt zum Teufel geht. Das Einfachste wäre, aufzugeben. Richtig aber ist, angesichts der herrschenden Unsicherheit standhaft zu bleiben. Dass wir mit gewaltigen Hindernissen konfrontiert werden, sollte niemanden überraschen. Dass wir kurzfristig eine Verschlechterung der klimatischen Bedingungen erleben werden, ebenfalls nicht. Wir müssen tapfer durchhalten. Mit Entschlossenheit und großem Mut müssen wir alle Hürden überwinden und weitermachen. Wir brauchen sowohl einen Systemwandel als auch einen Wandel des individuellen Verhaltens. Einer dieser beiden Faktoren allein wird nicht ausreichen, um die notwendigen Veränderungen innerhalb der verbleibenden Zeit herbeizuführen. Wir alle befinden uns an ganz verschiedenen Stellen der Gesellschaft: Wir sind Familienmitglieder, Gemeindevorsteher, Geschäftsführer, Politiker. Ganz gleich aber, wo wir stehen, wir können und müssen zugunsten des Allgemeinwohls dieser Verantwortung gerecht werden. Es kommt auf jeden Einzelnen an.

Die Menschheit und andere Lebensformen zu schützen und den Lauf der Geschichte zum Besseren zu wenden, ist insbesondere angesichts großer menschlicher Herausforderungen der einzige verantwortungsvolle Weg, den wir einschlagen können. Das Ruder zu diesem späten Zeitpunkt noch herumzureißen, ist durchaus möglich, aber nur mit einem gemeinsamen Ziel und einem gemeinsamen Optimismus, der stark genug ist, um den eingeschlagenen falschen Weg zu verlassen.

Die Geschichte des fünfjährigen Prozesses, der zum Pariser Abkommen führte, gleicht in vielerlei Hinsicht dem Prozess, den wir jetzt in Gang setzen müssen. Heute halten es die meisten Menschen für unmöglich, unsere Wirtschaft innerhalb eines Jahrzehnts vollständig umzukrempeln. Solchen Fatalismus können wir uns aber nicht leisten; unsere einzige Option ist es, uns voll und ganz auf die unmittelbaren Maßnahmen zu konzentrieren, die einen Richtungswechsel bewirken können. Das beginnt damit, wie wir persönlich die Herausforderung sehen, mit unserer entschlossenen Haltung und unserer Fähigkeit, andere mit dieser Entschlossenheit anzustecken, ganz gleich, wie schwierig das auch sein mag. Das ist hartnäckiger Optimismus.

Die Evolution der Menschheit ist eine Geschichte von Einfallsreichtum und Lernfähigkeit angesichts der Herausforderungen der Zeit. Jetzt stehen wir vor der größten Herausforderung in der Geschichte der Menschheit. Vielleicht werden wir über unsere momentan bekannten Fähigkeiten hinaus gefordert, doch bedeutet das nur, dass wir aufgerufen sind, eine neue Stufe in unserer Entwicklung zu erklimmen. Und das können wir.

Kapitel 6

Unerschöpflicher Reichtum

Das Gefühl, dass wir mit anderen konkurrieren müssen, um zu bekommen, was wir wollen oder zu wollen glauben, ist tief in jedem Einzelnen von uns verwurzelt. Die meisten sind unter dem erdrückenden Einfluss des Nullsummen-Paradigmas aufgewachsen, der Annahme, dass, wenn ein Mensch gewinnt, ein anderer verlieren *muss*. (Der Gewinn eines Menschen muss durch den Verlust eines anderen «ausgeglichen» werden, damit die Summe aller Gewinne und Verluste null ergibt.) Das Nullsummen-Paradigma hat das Konkurrenzdenken in unsere Weltsicht integriert. Ohne Wettbewerb hätten wir viele der großen wirtschaftlichen und gesellschaftlichen Fortschritte der vergangenen Jahrhunderte nicht erreicht. Auch heute brauchen wir gesunde Konkurrenz, um die neuen Technologien zu entwickeln, die uns beim Kampf gegen den Klimawandel helfen sollen. Wenn wir jedoch zulassen, dass das Konkurrenzdenken zum beherrschenden Faktor unserer Entscheidungsfindung wird, verlieren wir den Bezug zur Realität und sehen Knappheit an Orten, wo es vielleicht gar keine gibt.

Die meisten von uns kennen dieses Gefühl von Dringlichkeit und Entschlossenheit, wenn sie sich durch eine Menschenmenge schieben, um einen Sitzplatz im Bus oder im Zug zu ergattern. Es ist so allgegenwärtig, dass die Verkehrsunternehmen in manchen

Ländern Durchsagen abspielen, die dazu ermahnen, vor dem Einsteigen zunächst die Fahrgäste aussteigen zu lassen. Doch der Drang, einen Sitzplatz zu erwischen, ist bisweilen so stark, dass auch solche Durchsagen die Menschen nicht davon abhalten, sich vorbeizudrängeln und einen Platz zu sichern.

Das unreflektierte Handeln in solchen Situationen ist nicht unserem kompetitiven Impuls geschuldet, sondern der tief wurzelnden *Wahrnehmung* von Knappheit – der Sichtweise, dass irgendetwas begrenzt ist, ganz gleich, wie die Realität auch aussehen mag. Wir sind fest davon überzeugt, dass es nur einen einzigen guten Platz gibt, also wollen wir ihn uns schnappen, bevor es jemand anders tut. Unsere Angst vor Knappheit löst unsere kompetitive Reaktion aus, welche wiederum unsere Angst vor Knappheit schürt. Ob dieser sich selbst verstärkende Kreislauf dabei auf einer objektiven Wirklichkeit basiert oder nicht, ist egal.

Die Wahrnehmung von Knappheit lässt uns nicht viel Raum zum Denken. Doch wir können diesen Raum auf zweierlei Art vergrößern. Zum einen können wir uns klarmachen, dass die Wahrnehmung von Knappheit nicht objektiv, sondern eine rein subjektive Angelegenheit ist. Wenn wir also erkennen, dass es im Zug oder Bus noch weitere Sitzplätze gibt und wenige Minuten später ohnehin noch andere Busse kommen, können wir diesen engen Denk-Raum verlassen.

Zum anderen können wir uns vom Nullsummen-Paradigma lösen, welches bei genauerer Betrachtung ohnehin ein seltsames Konstrukt ist. Ja, die Anzahl der Sitzplätze im Bus ist begrenzt. Doch muss der Gewinn eines anderen Menschen nicht zwangsweise zu einem Verlust für mich führen. Wenn ich meinen Platz jemand anderem überlasse, entspinnt sich dadurch vielleicht eine unerwartete, anregende Unterhaltung. Vielleicht wird durch diese simple Handlung der Tag dieses anderen Menschen besser, oder vielleicht empfinde ich dabei selbst Freude. Es ist bekannt, dass Geben das individuelle Glücksempfinden steigert, also kann mein

«Verlust» sogar zu einem «Gewinn» für mich werden. Tatsächlich kann aus der Gleichung «mein Verlust = dein Gewinn» sogar «unser Gewinn» werden.

Das hängt allein von der Denkweise ab.

Unsere Denkweise ist so machtvoll, dass sie uns vom Vorliegen einer Knappheit überzeugen kann, uns in einen unnötigen Wettbewerb stürzt und dadurch objektiv die Knappheit erzeugt, die wir ursprünglich gefürchtet haben. Ein Beispiel: Tucson, Arizona, ist eine Wüstengemeinde, und mit den Jahren ist das Wasser dort immer knapper geworden. Der Santa Cruz River, der einst ganzjährig durch die Stadt floss, ist inzwischen ausgetrocknet. Pro Jahr fallen in Tucson lediglich 28 Zentimeter Regen. Vielleicht, weil Wasser in dieser Region schon immer als knapp betrachtet wurde, pumpte die wachsende Bevölkerung so viel Grundwasser ab, dass dessen Spiegel um mehr als 91 Meter sank. Bäume und andere Pflanzen, die den Santa Cruz gesäumt hatten, starben zusammen mit dem Fluss. Die Wahrnehmung von Wasserknappheit führte also zunächst zur Überentnahme und schließlich zu noch größerer Knappheit, da kahle (oder versiegelte) Böden den wenigen Regen kaum aufnehmen können – das Meiste davon wird fortgeschwemmt.

Jetzt kommt der interessante Teil: Die 28 Zentimeter Regen, die jedes Jahr in Tucson fallen, sind mehr, als die Gemeinde im Jahr verbraucht.[1] Wasser war also nie messbar knapp, sondern wurde nur als knapp wahrgenommen. Tucson verfügt über reichlich Wasser, wenn man den gesamten Wasserkreislauf betrachtet und sich nicht nur darauf fixiert, wie viel zu einem gegebenen Zeitpunkt im eigenen Brunnen ist. Wenn eine Ressource als knapp *wahrgenommen* wird, in Wahrheit aber reichlich vorhanden ist (viele freie Sitze im Bus und genug Regenwasser für alle), können wir entweder eng und kompetitiv oder weiträumiger und kollaborativ reagieren. Wie wir reagieren, unterliegt grundlegenden Einflüssen wie unserem Grad der Selbstwahrnehmung oder simplen Faktoren wie etwa unserer Tageslaune. Unsere Einstellung ändert rein gar nichts an den Fakten (wie viele freie Plätze es im Bus gibt oder wie viel Regen fällt), macht aber einen gewaltigen Unterschied dabei, wie wir die jeweilige Situation erleben. Wenn wir zusammenarbeiten, ist dieses Erleben in vielen Fällen wesentlich erfüllender.

Sind die Ressourcen jedoch *tatsächlich* knapp und werden knapper, sind wir bei unserer Entscheidungsfindung mit einer ganz anderen Situation konfrontiert. Entgegen unserer spontanen Erstreaktion ist die Zusammenarbeit in Fällen echter (nicht nur wahrgenommener) Knappheit unsere *einzige* realistische Option. Und entgegen einer weit verbreiteten Annahme ist das glücklicherweise auch die Option, für die wir Menschen uns am ehesten entscheiden, zumindest unter gewissen Bedingungen.

Angesichts von Katastrophen wie Hurrikans, Erdbeben und sogar bei Terrorangriffen neigen die Mitglieder einer Gemeinschaft zu solidarischem Verhalten. Studien haben gezeigt, dass nach dem Hurrikan Katrina in New Orleans, dem Taifun Haiyan auf den Philippinen sowie vielen anderen Katastrophen auf der ganzen Welt die betroffenen Gemeinschaften unter dem Eindruck des anfänglichen gemeinsamen Schmerzes überwiegend mit einem altruistischen Impuls der Solidarität reagieren und danach bei Wiederaufbau und Schadensbegrenzung zusammenarbeiten.[2]

In solchen Augenblicken überwiegt unsere Neigung, anderen zu helfen – sei es durch Zeit, Expertise, Geld, Liebe oder einfach nur mit einer warmen Mahlzeit –, unsere Neigung zum Wettbewerb. Der Schlüssel zu dieser Abkehr vom Wettbewerb ist, dass uns Geben glücklich macht. Wenn wir in Notsituationen also primär im Dienste anderer handeln, handeln wir damit tatsächlich auch in unserem eigenen Interesse.[3]

Am 13. November 2015, zwei Wochen vor Beginn der letzten Verhandlungsrunde zum Pariser Abkommen, erlitt die Stadt den schwersten Terrorangriff ihrer Geschichte. Die Attentäter verübten Anschläge auf sechs beliebte Einrichtungen in der Stadt, töteten 130 Menschen und verletzten fast 500.[4] Niemand, der in den nachfolgenden Tagen dort war, wird den Anblick der Tausenden Paare von Schuhen vergessen, die in ordentlichen Reihen auf dem Place de la République niedergelegt wurden, darunter auch ein Paar schlichter schwarzer Schuhe, die Papst Franziskus geschickt hatte. Statt Paris fernzubleiben, reisten nur zwei Wochen später 155 Staats- und Regierungschefs an, um an der größten Zusammenkunft ihrer Art teilzunehmen, die je an einem Tag unter einem Dach stattgefunden hatte – teils, weil es wichtig war, endlich ein globales Klimaabkommen zu erreichen, aber auch als gemeinsame Bekundung der Solidarität mit Frankreich.

In Zeiten schweren Elends und großer Not werden wir der Situation gerecht, stehen zusammen und stützen uns gegenseitig. Dieser Impuls, gemeinsam einander zu helfen, muss auf unsere Bemühungen ausgedehnt werden, der Klimakrise zu begegnen. Katastrophen der jüngsten Vergangenheit, die Ihnen noch im Gedächtnis sind, und die nachfolgende Zusammenarbeit und Solidarität, die sie auslösten, waren wahrscheinlich lokal begrenzter Natur. Die Situation globaler Knappheit hingegen, der wir uns gegenübersehen, ist eine unvergleichlich größere Herausforderung. Weltweit verzeichnen wir in den letzten 50 Jahren einen dramatischen Rückgang an Insekten, Vögeln und Säugetieren sowie der globalen Walddecke. Unsere Böden sind nicht mehr so ergiebig, und auch unsere Meere nicht mehr so überreich. Schwerer erkennbar, aber in ihren Folgen noch bedrohlicher ist die Tatsache, dass uns der atmosphärische Raum für unsere Treibhausgas-Emissionen ausgeht. Stellen Sie sich die Erde als Badewanne vor, die seit 50 Jahren kein Wasser, sondern Treibhausgase aufnimmt. Diese erreichen jetzt den Rand, die Grenze des Fassungsvermögens der Wanne. Der Wannenrand markiert das Maximum an Treibhausgasen, das die Atmosphäre aufnehmen kann – ihr CO_2-Budget sozusagen. Wenn wir dieses überschreiten, beginnt die Badewanne unkontrolliert überzulaufen. Wir stehen an der Schwelle atmosphärischer Kipppunkte, sogenannter Tipping Points, die beängstigend unvorhersehbar und irreversibel sind. Jedes freiwerdende CO_2-Teilchen – ganz gleich, wo auf der Welt – erhöht das Risiko einer Katastrophe. Das Volumen unserer Badewanne ist demnächst vollständig ausgeschöpft. Das ist die ultimative Knappheit.

Das 1992 verabschiedete Rahmenübereinkommen der Vereinten Nationen über Klimaänderungen basiert auf der Anerkenntnis, dass die entwickelten Staaten aufgrund der von ihnen während der Industrialisierung freigesetzten Emissionen aus fossilen Brennstoffen die überwiegende historische Verantwortung für den Klimawandel tragen. Im Gegensatz dazu ist die historische Verantwortung der Entwicklungsländer gering, doch leiden sie in Relation zur Größe ihrer Volkswirtschaften überproportional unter den Folgen der Klimakrise. Das ist keine Ideologie, sondern eine unumstößliche Tatsache. Gleichzeitig ist drei Jahrzehnte später offenkundig, dass der Emissionsausstoß in manchen Entwicklungsländern mit starkem Bevölkerungswachstum und sinkendem Armutsniveau rapide ansteigt, da ihr Wirtschaftswachstum noch immer stark von fossilen Brennstoffen abhängig ist. Daher fordern viele industrialisierte Staaten, dass Entwicklungsländer größere Verantwortung bei der Reduzierung vom Emissionen übernehmen. Jahrelang haben Entwicklungsländer dies kategorisch mit dem Argument zurückgewiesen, ihr Wirtschaftswachstum könne dadurch in Gefahr geraten, obgleich sie zunehmend die negativen Auswirkungen des Klimawandels tragen müssten.

Es gab die unterschiedlichsten Vorschläge, wie man das verbleibende CO_2-Budget gerecht aufteilen könnte. Manche regten an, man solle die Emissionen der Industrieländer begrenzen, damit den Entwicklungsländern mehr von diesem Budget bleibe; die Industrieländer erachteten das für inakzeptabel. Andere schlugen eine schrittweise Emissionsminderung in den Industrieländern und einen kontrollierten Emissionsanstieg in den Entwicklungsländern vor. Wie zu erwarten, konnte man hier zu keiner konkreten Einigung gelangen. Ein anderer Vorschlag sah ein weltweites Limit von zwei Tonnen CO_2 pro Person pro Jahr vor. Da der nationale Pro-Kopf-Ausstoß eine Spanne von 0,04 bis über 37 Tonnen umfasst, war es unvermeidlich, dass die Länder, die weit über den vorgeschlagenen zwei Tonnen lagen, diesen Vorschlag nicht ernsthaft in Erwägung zogen.

Die faire Zuteilung des verbleibenden atmosphärischen Raums hat sich unabhängig von der jeweiligen Formel als fruchtloser Versuch erwiesen. Ein faires Ergebnis ist nicht realistisch, solange wir es mit unserer Denkweise von Knappheit und Wettbewerb anstreben.

Der Zustand des Planeten gestattet diese Denkweise nicht länger, weil wir einen Punkt existenzieller Knappheit erreicht haben: die Überlebensgrenze vieler Ökosysteme, die unser Dasein ermöglichen und dazu beitragen, dass der Anteil der Treibhausgase in der Atmosphäre auf einem sicheren Niveau bleibt. Wird der Amazonas-Urwald vernichtet, steigen die CO_2-Emissionen so stark an, dass nicht nur Brasilien, sondern der gesamte Planet die Folgen zu spüren bekommt. Wenn der arktische Permafrost taut, werden darunter ebenfalls nicht nur die Länder des Polarkreises leiden, sondern die gesamte Welt. Wir sitzen alle im selben Boot. Ein Leck an einem Ende bedeutet nicht, dass nur diejenigen ertrinken, die sich dort befinden. Wir gewinnen oder verlieren alle gemeinsam.

Das neue Nullsummen-Modell setzt als Antrieb für die Regeneration der Biosphäre und die Schaffung neuen Reichtums notwendigerweise Zusammenarbeit und nicht Wettbewerb voraus.

Es ging auf Mitternacht zu, und wir waren an unserem Knackpunkt angelangt. Die Verhandlungen in der peruanischen Hauptstadt Lima im Jahre 2014 waren während der vergangenen Tage zügig vorangegangen, doch nun hatten wir den erwarteten Engpass erreicht: die Verantwortung für Emissionsreduktionen. Wir hatten gewusst, dass diese Frage aufkommen würde und dass es diesmal ernst wäre – der Ausgang würde über die Verhandlungen im Jahr darauf in Paris entscheiden.

Wann immer wir bei einer wichtigen internationalen Verhandlungsrunde in eine Sackgasse gerieten, klopfte es sanft an der Bürotür, oft nach Mitternacht, und Minister Xie Zhenhua, der langjährige Leiter der chinesischen Delegation, trat ein. So auch diesmal. Wie erwartet, kam er mit einer klaren Botschaft: In der Entwurfsfassung des Abkommens seien die großen Unterschiede in der Verantwortung für den Klimawandel sowie in den Möglichkeiten, diesem künftig zu begegnen, nur unzureichend berücksichtigt. Wenn ein Abkommen in Lima oder in Paris im Jahr darauf bedeute, dass man unfaire Bedingungen akzeptieren müsse, würden die Entwicklungsländer lieber darauf verzichten. Er verwies auf ein jüngeres Abkommen zwischen den Vereinigten Staaten und China, das sich von einem auf Wettbewerb und Knappheit gründenden Ansatz abwandte und stattdessen Zusammenarbeit und Reichtum in den Mittelpunkt stellte. Sein Fokus war weder die historische Verantwortung der Industrienationen noch die Verpflichtungen der Entwicklungsländer, ihre jeweiligen Emissionen zu verringern. Es basierte auf einem anderen Paradigma, das die gemeinsamen Vorteile einer Emissionsreduktion sowohl für einzelne Staaten als auch für die Staatengemeinschaft aufzeigte: ein neues Modell jenseits der Nullsumme.

Unsere Aufgabe war es nun, dieses konzeptuelle Modell so in den Kontext eines globalen Abkommens zwischen 195 Staaten einzupassen, dass es mit sämtlichen anderen Fragen, in denen bereits eine Einigung erzielt worden war, in Einklang stand. Zuerst mussten wir zwischen der von Todd Stern und Sue Biniaz geleiteten US-Delegation und der von Minister Xie geleiteten chinesischen Delegation jedes Wort und jedes Komma des übernommenen Textes mehrfach aushandeln. Dabei mussten wir uns rasch, aber diskret zwischen den jeweiligen Büros bewegen, damit bei den Tausenden anderen Delegierten nicht der Eindruck eiliger Hast aufkam. Viele waren erschöpft und angesichts der entstandenen Sackgasse besorgt und fragten sich schon, ob die ganze Angelegenheit nicht wie ein Kartenhaus in sich zusammenstürzen würde. Nach mehreren Durchläufen mit viel gutem Willen auf beiden Seiten konnte man sich auf eine Version einigen, und jede Seite bemühte sich, ihre jeweilige Ländergruppe an Bord zu holen.

Mit dem neuen Text setzte sich die Erkenntnis durch, dass Emissionsreduktionen tatsächlich in der Verantwortung jedes einzelnen Staates liegen, dabei aber nicht nur dessen berechtigten Eigeninteressen, sondern *auch* dem Wohle des gesamten Planeten dienen.

Diese gewandelte Denkweise und die damit einhergehende neue Sprache des Textes – die sich vom Wettbewerb ab- und einem gemeinsamen Gewinnen zuwandten, bei dem alle von einem neuen Reichtum profitieren könnten, ohne die Rechte anderer zu verletzen – öffneten die Tür für das globale Abkommen, das im Folgejahr in Paris unterzeichnet werden sollte.

Eine wachsende Zahl von Staaten hat inzwischen klar erkannt, dass sie im 21. Jahrhundert eine saubere Entwicklung verfolgen sollte und kann; dass die Abkehr ihrer Volkswirtschaften von fossilen Brennstoffen letztlich große Vorteile bietet – etwa mehr Arbeitsplätze, sauberere Luft, ein effizienteres Verkehrswesen, eine höhere Lebensqualität in den Städten und fruchtbarere Böden.

Dieser Wandel hin zu einer Denkweise, die auf die Schaffung neuen Reichtums gerichtet ist, will die Beschränkungen einer postfossilen Wirtschaft nicht leugnen. Stattdessen bietet dieser Ansatz jedem Land ein Füllhorn positiver individueller und kollektiver Gründe, innerhalb dieser Schranken zu bleiben.

Wenn ein Land den Anfang macht und die Vorzüge sauberer Technologien und Politik demonstriert, werden andere diesem

Beispiel folgen, eine Eigendynamik wird entstehen, die globale Dekarbonisierung wird sich beschleunigen und schließlich der Planet geschützt werden.

Wenn wir durch den Wunsch nach Zusammenarbeit motiviert sind, befreien wir uns von dem restriktiven Handlungsrahmen, zu erlangen «was ich will oder was ich zu wollen glaube», und eröffnen uns einen weiteren Handlungsrahmen, der auf vielerlei Weise in Betracht zieht, was möglich und verfügbar ist – verfügbar für mich, aber nicht nur für mich, sondern ebenso für andere.

Die Erkenntnis des Reichtums ist kein illusorisches Wachstum physischer Ressourcen, sondern vielmehr ein Bewusstsein der mannigfaltigen Möglichkeiten, Bedürfnissen und Wünschen zur Zufriedenheit aller gerecht zu werden. Auf diese Weise werden Ressourcen geschützt und erneuert und die Beziehungen unter uns Menschen bereichert.

Unerschöpflicher Reichtum.

Auf individueller Ebene sind wir gehalten, die Zusammenarbeit zu verstärken und das Denken in Kategorien der Fülle zu fördern. Dieser geistige Wandel ist nicht so schwierig, wie er klingt. Man denke nur an die unerschöpfliche Energie der Sonne, des Windes, des Wassers, der Gezeiten und der Hitze im Erdinneren, die wir alle zur Stromerzeugung nutzen können und die allesamt niemals aufgebraucht sein werden. Regenerierte Böden, Wälder und Meere können bei kluger Bewirtschaftung unerschöpflichen Reichtum bieten, anstatt durch kurzsichtigen Raubbau verschwendet zu werden. Tatsächlich funktionieren auch Ökosysteme nach dem Prinzip des Reichtums – sie basieren auf reichlich vorhandenen natürlichen Komponenten wie Abfall, die ihnen Nahrung und Nährstoffe für weiteres Wachstum zur Verfügung stellen.

Wir können daneben auch Kreativität, Solidarität, Erfindungsgeist und viele andere menschliche Eigenschaften ins Spiel bringen, die uns in reichem Maße endlos zur Verfügung stehen.

Die Zunahme kollektiv generierten und kostenlos geteilten

Wissens im Internet bringt etwa im Hinblick auf den Datenschutz nach wie vor gewisse Herausforderungen mit sich, aber sie hat uns dem Verständnis kollaborativer Systeme und unerschöpflichen Reichtums nähergebracht. Man denke nur an Wikipedia, LinkedIn oder Waze. Jeder Nutzer des Systems ist einzigartig, aber alle Nutzer sind durch das Netzwerk des endlos wachsenden Systems miteinander verbunden. Jeder Nutzer leistet einen Beitrag zum Ganzen, doch ist der gesamte Wissensfundus größer als die Summe des Wissens der Nutzer. Zudem ist das System ständig im Wandel, verstärkt sich in manchen Bereichen, korrigiert den Kurs in anderen und stößt dabei in bislang unbekannte Gefilde vor. Der Wettbewerb spielt zwar eine Rolle, ist jedoch dadurch begrenzt, dass alle einen Beitrag leisten, alle profitieren und alle an einem stetig wachsenden Ganzen teilhaben. Der Name des Spiels lautet Zusammenarbeit. Gemeinsamer Profit durch unerschöpflichen Reichtum ist das Ergebnis des Spiels.

Als nächsten Schritt könnte man sich eine Welt vorstellen, in der alles irgendwie «open source» ist, einen offenen Ansatz in allen Bereichen menschlichen Tuns und Treibens, wo nicht länger der Wettbewerb das Funktionsprinzip ist, sondern vielmehr die Zusammenarbeit. Den Prinzipien folgend, die wir bei allen natürlichen Ökosystemen beobachten, fördert dieser Ansatz explizit Lernen und Wachstum des gesamten Systems. Dies ermöglicht uns, konstant voneinander zu lernen, und steigert somit exponentiell unsere Fähigkeit, gemeinsam sowohl Wissen als auch offen zugängliche Güter und Dienste zu schaffen, die von allen zum Wohle aller genutzt werden.

Die Praxis des unerschöpflichen Reichtums beginnt, indem wir unser Denken von der wahrgenommenen Knappheit abwenden und auf die Frage richten, wo wir kollektiv Reichtum schaffen *können*. Dadurch schärfen wir unser Bewusstsein für andere und dafür, was wir von ihnen lernen und was wir mit ihnen teilen können. Wir schärfen unser Bewusstsein für das eigene Konkurrenzdenken und entwickeln als Korrektiv ein stärkeres Interesse dafür, wie wir alle gewinnen können. Wahrscheinlich werden wir dem Beitrag zu einer gemeinsamen Aufgabe eine höhere Wertschätzung entgegenbringen und dadurch allerorten zu immer mehr Teamwork und Zusammenarbeit anregen. Wir werden die Ergebnisse unserer Arbeit mit allen teilen, die sie als Grundlage für ihre weitere Arbeit verwenden können, ohne dafür im Geiste irgendwelche intellektuellen Eigentumsrechte geltend zu machen. Der Erfolg eines anderen Menschen ist nicht unser Verlust; es ist unser stetig wachsender kollektiver Erfolg.

Wir betreten die nächste Stufe menschlicher Evolution. Die menschliche Spezies muss sich (wie viele andere Tier- und Pflanzenarten) jetzt an die durch uns verursachte Knappheit natürlicher Ressourcen und an das rapide schwindende Restvolumen für Kohlenstoffemissionen in unserer globalen Atmosphäre anpassen. Um das zu schaffen, müssen wir der Zusammenarbeit absolute Priorität einräumen. Angesichts ultimativer Knappheit müssen wir die neue Nullsumme verinnerlichen (entweder gewinnen wir alle, oder wir verlieren alle) und eine neue Denkweise des unerschöpflichen Reichtums auf das anwenden, was uns bleibt, aber auch darauf, was wir gemeinsam schaffen und teilen können.

Kapitel 7

Radikale Regeneration

Erschöpft nach einem langen Arbeitstag bei der UN gingen wir in einem kleinen Restaurant in der Nähe unseres Büros in Ruhe etwas essen und unterhielten uns darüber, was bereits geschafft war und was noch anstand. Zwei junge Männer am Nebentisch hatten ihre Mahlzeit beendet und redeten beim dritten Bier darüber, was als nächstes zu tun sei. Wir versuchten, uns auf unsere eigene To-do-Liste zu konzentrieren, doch ihr Gespräch zog uns in seinen Bann.

«Aber warum willst du denn gehen?»

«Weil es hier nichts mehr für mich gibt.»

«Wohin willst du also gehen?»

«Ich weiß nicht. Irgendwohin, wo ich etwas Besseres kriege.»

Wir sahen einander an und hoben die Augenbrauen. Der Mann hatte ein Gefühl ausgedrückt, das wir schon oft zu hören bekommen hatten – dass es, wenn nichts mehr übrig ist, Zeit wird, woanders mehr zu finden.

Der Fokus des Mannes, «etwas Besseres zu kriegen», war nicht die Laune eines Einzelnen. Es ist seit Jahrhunderten ein Merkmal menschlicher Gesellschaften. Die Eroberer ferner Länder beuteten die dortigen Metall- und Mineralvorkommen aus, schafften exotische Lebensmittel nach Hause und hinterließen in vielen Fällen nichts als Chaos, ansteckende Krankheiten und Bibeln. Bei der Bewirtschaftung fruchtbarer Böden haben wir Menschen bemerkenswert effizient Raubbau an Bäumen und Nährstoffen betrieben, bis nur noch die ausgelaugte Erdkrume übrig war.

Grundsätzlich ist an solchen Instinkten nichts Falsches. Sie helfen uns zu wachsen, um neue Herausforderungen zu bewältigen. Unser Wachstum, sowohl auf persönlicher als auch auf professioneller Ebene, ist eigentlich ein Geben *und* ein Nehmen. Als Spezies hingegen haben wir uns an eine einseitige Transaktion gewöhnt, an das *Nehmen,* wobei wir häufig übersehen, welche Leere dieses hinterlässt.

Unser Planet verträgt kein unidirektionales Wachstum mehr. Wir haben das Ende der Fahnenstange menschlichen Raubbaus erreicht. Die Zeit des Nehmens ist vorüber. Wir stehen vor einem großen roten Schild mit der Aufschrift «Stopp – Vorsicht Abgrund!»

Ausbeutung ist ein tief in der menschlichen Natur verwurzeltes Verhaltensmuster. Um uns davon abzuwenden, müssen wir uns auf einen anderen, ebenso starken und naturgegebenen Wesenszug besinnen: auf unsere Fähigkeit, Regeneration zu fördern. Uns um uns selbst und um andere zu kümmern. Einen Bezug zur Natur zu bewahren. Gemeinsam darauf zu achten, dass Entnommenes wiederaufgefüllt wird und auch für morgen noch genügend übrig bleibt. Auch diese Neigungen liegen in unserer Natur, doch sind sie in der modernen Gesellschaft nicht so stark ausgeprägt. Es ist an der Zeit, sie an die Oberfläche zu holen.

Regenerativ zu sein, ist uns keineswegs fremd.

Wenn Sie Kinder haben, denken Sie daran, wie Sie ihnen zur Seite stehen, wenn sie Phasen tiefen Zweifels durchleben. Erinnern Sie sich, wie geduldig Sie sich ihre Sorgen anhören und ihnen helfen, nicht die Hoffnung zu verlieren. Oder denken Sie daran, wie aufmunternd Sie sich gegenüber Freunden verhalten, die vielleicht in ein tiefes berufliches Loch gefallen sind, wie viel

Zeit und Energie Sie investieren, um ihnen zu helfen, ihr Selbstvertrauen zurückzugewinnen, damit sie ihr Leben wieder in den Griff bekommen.

Manchmal fällt es uns leichter, gegenüber Freunden und Verwandten – oder selbst Fremden auf der anderen Seite des Globus – regenerativ zu wirken, als gegenüber uns selbst. Das mag zwar gut und edel sein, doch müssen wir bei uns selbst beginnen, wenn wir möglichst effizient sein wollen.

Mitten in der Klimakrise hat jeder von uns die Pflicht, sich selbst zu regenerieren und vor Schaden zu bewahren. Angesichts eines bevorstehenden Burnouts haben manche unserer Kollegen, die seit Jahren unter extrem stressigen Bedingungen gegen den Klimawandel kämpften, an einem bestimmten Punkt bewusst eine Auszeit genommen, um ihre Energien zu erneuern. Sie begaben sich in die heilenden Arme der Natur oder in die Geborgenheit einer spirituellen Gemeinschaft. Die Klügsten von ihnen haben Meditations- und Achtsamkeitsübungen in ihren Alltag übernommen.

Aus eigener Erfahrung wissen wir, dass eine kontinuierliche, persönliche Erdung der Schlüssel dazu ist, dem täglichen Bombardement schlechter Nachrichten von allen Seiten standzuhalten. Ohne eine solche Erdung wäre man ein Blatt im Wind – den Elementen ausgesetzt. Besser, man steht fest wie ein Baum, verwurzelt in seinen eigenen Werten, Prinzipien und Überzeugungen. Wir beide erkennen sofort den Unterschied zwischen einem Tag, an dem wir meditieren, und einem Tag, an dem wir es nicht tun. Durch jahrelange Übung verstärkt sich zweifellos die positive Wirkung der Meditation, doch ist sie auch im Tagesvergleich spürbar. Vielleicht interessieren Sie sich nicht für Meditation, und spirituelle Praktiken sprechen Sie nicht an. Auch in Ordnung. Das bedeutet jedoch nicht, dass Sie nicht auf sich achtgeben sollten. Ob Sie nun gern im Garten arbeiten, basteln, zeichnen, musizieren oder Musik hören, Sport treiben, im Park spazieren gehen oder auf dem Fluss paddeln – finden Sie heraus, was Ihnen und Ihrer Seele wohltut, und praktizieren Sie es regelmäßig und bewusst.

Unsere erste Verantwortung ist es, zu erkennen, wie und wann wir erschöpft sind, und uns selbst zu unterstützen. Unsere zweite Verantwortung ist es, jene regenerative Fähigkeit zu festigen und zu stärken, die wir bereits bei Freunden und Verwandten an den Tag legen. Das allein reicht aber noch nicht. Unsere dritte Verantwortung ist es, diejenigen außerhalb unseres engsten Kreises und natürlich die Natur selbst mit einzubeziehen.

Bezogen auf die natürliche Welt meint *Regeneration* im engeren Verständnis den selbst eingeleiteten Heilungsprozess, der das verletzte Körperteil eines Organismus aus dem verbleibenden gesunden Gewebe wiederherstellt. Molche, Eidechsen oder Seesterne können verlorene Gliedmaßen oder Schwänze regenerieren. Erwachsene Menschen können eine geschädigte Leber nach einer Teilentfernung oder Verletzung bis zu ihrer ursprünglichen Größe regenerieren. Und wir alle kennen das Wunder, wenn sich unsere Haut nach einem Kratzer oder einer Wunde selbst repariert und bisweilen keinerlei sichtbare Spuren von der Verletzung bleiben.

Eine breiteres Verständnis von Regeneration meint die Fähigkeit einer Spezies oder eines Biosystems, sich selbst zu erholen, sobald der belastende Eingriff des Menschen entfällt. Walpopulationen und abgetragene Böden sind gute Beispiele. Grau- und Buckelwalbestände, einst durch den kommerziellen Walfang des 19. Jahrhunderts dezimiert, haben inzwischen fast wieder ihre ursprünglichen Größen erreicht. Das Verbot des Walfangs zeigt, dass Tierpopulationen bei Wegfall des menschlichen Entnahmedrucks die Fähigkeit besitzen, sich vollständig zu erholen (natürlich nur dann, wenn wir sie nicht ausgerottet haben). Dasselbe gilt für Ökosysteme, wie man an den Bildern alter, vom Menschen verlassener Ruinen sieht, die von der umgebenden Pflanzenwelt zurückerobert wurden. Ein großartiges Beispiel ist die Neuentstehung eines üppigen Ökosystems um Tschernobyl. Als die Menschen fort waren, begannen die Pflanzen alles zu überwuchern und schufen so wiederum Raum für Würmer und Pilze, die den Boden mit Nährstoffen versorgten. Überall zwitschern nun die Vögel, und sogar große Säugetiere wie Wildschweine und Bären sind zurückgekehrt. Wenn wir den von uns ausgeübten Druck von der Natur nehmen, kann sie gesunden.

Die konvergierenden Krisen von Klimawandel, Entwaldung, Artenschwund, Wüstenbildung und Übersäuerung der Meere haben uns an einen Punkt gebracht, an dem wir nicht länger naiv auf die natürliche Resilienz oder Regenerationsfähigkeit der Erde vertrauen können. Die Natur ist zwar grundsätzlich in der Lage, sich zu erholen, doch findet eine Regeneration nicht immer gänzlich ohne unser Zutun statt. Die Fähigkeit der Natur zur Selbsterneuerung ist vom Menschen beinahe zerstört worden. In vielen Fällen erfordert die Erneuerung von Ökosystemen eine bewusste Intervention des Menschen, etwa die *Renaturierung*. Dabei nehmen wir nicht nur den zerstörerischen Druck durch Beweidung oder nicht nachhaltigen Ackerbau weg, sondern bringen auch einheimische Tierarten zurück und helfen so der Natur, ihren Artenreichtum zu erneuern und wieder die Oberhand zu gewinnen.

Das Pflanzen von Bäumen und Büschen auf degradierten oder entwaldeten Flächen ist ein regenerativer Prozess, der die Bodengesundheit wiederherstellt, die Produktivität erhöht und den Grundwasserspiegel stabilisiert. Eine derzeit laufende, bekannte Maßnahme ist die Wiederaufforstung des schottischen Hochlands. Dabei stellten Wissenschaftler fest, dass mit dem Absterben der Bäume in einer Landschaft auch die Pilze verschwinden, die man normalerweise im Boden um sie herum antrifft. Es zeigte sich, dass Mykorrhizen ausgesprochen vorteilhaft bei der Wiederaufforstung degradierter Landschaften sind. Zwischen die Wurzeln frisch gepflanzter Setzlinge werden daher Pilzsporen eingestreut, damit die Bäumchen rasch und kräftig wachsen und den Great Caledonian Forest wiedererstehen lassen.

Die Korallenzucht ist ein weiteres gutes Beispiel für künstliche Regeneration. Dabei werden Korallenbruchstücke von lokalen Riffen gesammelt, weiter aufgebrochen, in Korallengärtnereien vermehrt, wo sie wesentlich schneller heranreifen als im offenen Meer, und dann schließlich an der Stelle eingesetzt, wo das beschädigte Riff neu entstehen soll.

Mit diesen innovativen Techniken der Korallenzucht werden Wissenschaftler bald in der Lage sein, in großräumigen Wiederherstellungsmaßnahmen wertvolle Korallenriffe zu retten, die in Gefahr oder bereits tot sind. Die Natur kann sich also selbst erneuern, doch hat sie mit der bewussten Hilfe des Menschen eine bessere Chance und benötigt weniger Zeit. Mit unserer Unterstützung kann die Regeneration zum beherrschenden Faktor der künftigen Evolution dieses Planeten werden.

Wir haben unsere natürliche Welt vielerorts an eine gefährliche Schwelle gebracht, wo sie sich möglicherweise nicht selbst wieder erholen kann. Es ist wie bei einem Gummiband, das sich normalerweise dehnt und wieder zusammenzieht, bei zu starker Dehnung jedoch reißt. Die Regeneration der Natur muss ohne Zweifel sehr gezielt, sorgfältig geplant und in einem sinnvollen Maßstab erfolgen.

Wir können das Rad nicht zurückdrehen. Viele Spezies sind bereits ausgestorben und werden nicht wiederkehren, und manche Ökosysteme haben bereits über die Schwelle ihrer Resilienz hinaus Schaden erlitten. Glücklicherweise haben wir aber immer noch eine relativ widerstandsfähige natürliche Umgebung, die auf unsere Pflege und Fürsorge positiv anspricht. Gezielte und planvolle regenerative Maßnahmen werden unsere Ökosysteme wiederherstellen. Vielleicht werden sie ihren ursprünglichen Zustand nicht wiedererlangen, aber dafür einen neuen Zustand erstarkter Gesundheit und verbesserter Resilienz erreichen.

Beginnen wir unsere regenerative Denkweise mit der Verinner-lichung der simplen Tatsache, dass unser Leben, unser physisches Überleben direkt von der Natur abhängt. Menschliche Wesen kön-nen nicht länger als fünf Minuten ohne Sauerstoff überleben. Der Sauerstoff, den wir atmen, stammt aus den photosynthetischen Prozessen von Bäumen, Gräsern und anderen Landpflanzen sowie des Phytoplanktons der Meere. Jeder Schluck Wasser, den wir trin-ken, stammt aus Niederschlägen, Gletschern, Seen und Flüssen. Ohne Land hätten wir nichts zu essen, kein Obst, kein Gemüse, kein Getreide, keine Kühe, Hühner oder Schafe; und ohne Flüsse und Meere gäbe es keinen Fisch und keine Meeresfrüchte. Men-schen können ohne Wasser nicht länger als eine Woche überleben und nicht länger als drei Wochen ohne Nahrung. Jeder Atemzug, den wir tun, jeder Tropfen Flüssigkeit, den wir trinken, und jedes Krümelchen Nahrung, das wir essen, stammt aus der Natur und verbindet uns untrennbar mit ihr. Das ist eine einfache, grund-legende Wahrheit, und doch neigen wir häufig dazu, sie zu igno-rieren oder als selbstverständlich zu betrachten.

Von intakten Ökosystemen hängt nicht nur unser unmittel-bares Überleben ab. Zum großen Teil basiert auch unsere körper-liche und seelische Gesundheit auf dem Kontakt mit der natür-lichen Welt, die uns umgibt. Dieser Kontakt ist bedroht durch eine fortschreitende Urbanisierung und durch die Zeit, die wir mit un-seren elektronischen Geräten verbringen. Ein bewegungsarmes Dasein in Räumen – oft geprägt von begrenztem Lichteinfall, schlechter Luftqualität, einer gemauerten Umgebung und zuneh-mender Bildschirmzeit – führt nicht nur zu Fettleibigkeit und dem Verlust körperlicher Kraft, sondern auch zu Isolationsgefühlen und Depressionen. Diese Symptomfamilie wird inzwischen all-gemein als «Natur-Defizit-Syndrom» diagnostiziert.[1]

Umgekehrt zeigen Studien einen signifikanten Rückgang an Mortalität, Stress und Erkrankung bei denjenigen, die Sport trei-ben und Zeit an der frischen Luft verbringen. Spielen in der Natur,

Gartenarbeit und Zugang zu natürlichen Landschaften steigern unser Wohlbefinden und sensibilisieren uns für das Wechselspiel von Licht, Wetter und Jahreszeiten.

Der Bezug zur Natur ist ein machtvoller Gegenpol zu Angst und Stress, wirkt aber auch bei körperlichen Krankheiten. Das japanische Gesundheitssystem hat die Praxis des *shinrin-yoku* entwickelt, wörtlich: Waldbaden, also das achtsame Verbringen von Zeit im Wald. Es ist wohltuend für Geist und Körper, da es das Immunsystem stärkt, den Blutdruck senkt, die Schlafbereitschaft fördert und die persönliche Energie steigert. In Japan ist es zu einer wichtigen Säule der Gesundheitsvorsorge und der Heilfürsorge geworden.

Immer mehr Kinderärzte verschreiben ihren kleinen Patienten mehr unstrukturierte Zeit in der Natur als Mittel gegen Fettleibigkeit. Gleichzeitig werden dadurch ein Bewusstsein und ein Interesse für die örtliche Tier- und Pflanzenwelt oder für besondere Orte geweckt. Dokumentationen über gefährdete Arten und weit entfernte Ökosysteme im Fernsehen anzuschauen, meinen manche Ärzte, ersetze zudem nicht den persönlichen Umgang mit Pflanzen und die direkte Beobachtung von Schmetterlingen, Vögeln und Libellen.

Das öffentliche Bewusstsein für unsere enge Verbindung mit dem lebenserhaltenden System unseres Planeten (und unsere Abhängigkeit von ihm) wächst und damit auch für die Notwendigkeit, Ökosysteme und globale Gesundheit wiederherzustellen. Weltweit werden zahllose Anstrengungen unternommen, Bäume zu pflanzen, Mangroven und Moore zu schützen, neue Feuchtgebiete zu schaffen und degradierte Landschaften durch Regenwassersammlung, mehrjähriges Getreide, Gräser und ökologischen Waldbau zu regenerieren. Damit diese Lösungsansätze auf globaler Ebene wirksam werden können, bedarf es jedoch mehr.

Eine regenerative Denkweise ist vor allem dann effektiv, wenn sie absichtsvoll und konsequent verfolgt wird. Sie ist sowohl eine harte mentale Disziplin als auch eine sanftmütige Haltung, die wir ganz bewusst einnehmen müssen. Es geht nicht nur darum, von unseren Mitmenschen zu bekommen, was wir wollen und brauchen. Darüber hinaus haben wir auch die Verantwortung, uns zu regenerieren und anderen dabei zu helfen, sich zu regenerieren und auf diese Weise Ebenen größerer Energie und Einsicht zu erreichen. Ebenso müssen wir begreifen, dass wir nicht nur aus der Natur entnehmen und ernten können, sondern auch in der Verantwortung stehen, das Leben auf diesem Planeten zu schützen und die lebenspendende Kapazität des Planeten sogar zu verbessern – in unserem ureigenen Interesse. Persönliche und umweltbezogene Ziele sind miteinander verwoben, verstärken sich gegenseitig und bedürfen gleichermaßen unserer Aufmerksamkeit.

Eine regenerative Denkweise schließt die Kluft zwischen der Wirkweise der Natur (Regeneration) und der Organisationsform menschlichen Lebens (Entnahme).[2] Sie gestattet uns, «die menschliche Präsenz auf der Erde neu zu gestalten»,[3] getrieben von menschlicher Kreativität, der Fähigkeit zur Problemlösung und der Liebe zu diesem Planeten.

Sir David Attenborough, einer der angesehensten Naturforscher unserer Zeit, hat uns gewarnt, dass «der Garten Eden nicht mehr ist». Das stimmt. Deshalb müssen wir jetzt einen Garten des Bewusstseins schaffen – ein gezielt regeneratives Anthropozän.

Statt ausgeweideter Berge, abgeholzter Wälder und geplünderter Meere sind auch Millionen von Renaturierungsprojekten vorstellbar, die mehr als eine Milliarde Hektar Wald umfassen, neue Feuchtgebiete und Grasland sowie Korallenfarmen in allen tropischen Ozeanen.

Ein regeneratives Anthropozän entsteht nicht durch Zufall, aber wir können es planen und schaffen. Wenn wir es wollen, können wir unsere Bestrebungen vom derzeitigen, auf Ausbeutung basierenden Wachstum auf eine lebenserhaltende Gesellschaft regenerativer Werte, Prinzipien und Praktiken verlagern.

Wir können eine regenerative Kultur begründen, deren Ziel es ist, dass die Menschheit zu einem lebenserhaltenden Faktor für alle Ökosysteme auf dem gesamten Planeten wird. Dazu werden wir neue Künstler und Politexperten brauchen, neue Farmer und Industrielenker, Großmütter und Erfinder, indigene Führungspersönlichkeiten und Wissenschaftler. Wir können die Regeneration zum übergeordneten Prinzip unseres Lebens und Handelns machen. Wir können die Resilienz des Landes und unserer Gemeinschaften erneuern und unsere Seelen dabei heilen. Unsere Unternehmensstrategiesitzungen und Familientreffen sollten sowieso CO_2-neutral sein, doch darüber hinaus können sie regenerative Projekte umfassen, bei denen wir gemeinsam Maßnahmen ergreifen, die das Leben auf unserem Planeten erneuern, anstatt es zu zerstören.

Wir müssen unseren Handlungskompass von ego-zentriert auf natur-verbunden umstellen. Wir müssen jede beabsichtigte Handlung einem konsequenten Belastungstest unterziehen und dabei radikal aussieben. Wir müssen uns fragen: Trägt unser Handeln aktiv dazu bei, dass es Mensch und Natur zusammen auf diesem Planeten gut geht? Wenn ja, grünes Licht. Wenn nein, rotes Licht. Punkt.

Das ist kein ferner Traum. Es geschieht bereits. Zusammen mit der renommierten Schriftstellerin Arundhati Roy können wir sagen: «Eine andere Welt ist nicht nur möglich, sie ist schon im Entstehen. Viele von uns werden nicht mehr hier sein, um sie zu begrüßen, aber an einem ruhigen Tag, wenn ich ganz aufmerksam lausche, kann ich sie atmen hören.»

Teil III

ZEHN MASSNAHMEN

Kapitel 8

Tun, was notwendig ist

Gegen Ende der ersten Woche der Pariser Verhandlungen im Dezember 2015 waren wir gerade in Christianas Büro beschäftigt, als
es an der Tür klopfte. Kevin O'Hanlon, Leiter der UN-Sicherheit,
trat ein. Wir arbeiteten schon seit Jahren zusammen und kannten
uns daher gut. Die Besorgnis stand ihm ins Gesicht geschrieben.
«Wir haben eine Bombe gefunden.»
Es war das Albtraum-Szenario, vor dem wir uns gefürchtet hatten. Angesichts der jüngsten Terroranschläge in Paris hatten wir
den Sicherheitskräften des Gastgeberlandes gestattet, die Verantwortung für den Ankunfts- und Abreisebereich des UN-Konfe-
renzgeländes zu übernehmen. Rechtlich gilt das Gelände einer
UN-Konferenz für deren Dauer als extraterritorial und fällt somit
nicht in den Hoheitsbereich des Gastgeberlandes. Für die Klimakonferenz in Paris 2015 hingegen hatten wir den Flughafen Le
Bourget zu einem großen Konferenzzentrum umfunktioniert. Mit
25 000 Teilnehmern aus 195 Staaten stellte es ein mögliches Ziel-
objekt für terroristische Anschläge dar. Wir wussten, dass wir die
Hilfe der französischen Ordnungskräfte benötigten, insbesondere
der Antiterror-Spezialkräfte der französischen Polizei und ihrer
Bombenspürhunde.
Landesweit wurden 30 000 Polizeibeamte eingesetzt und 238 Si-

cherheits-Checkpoints eingerichtet. Die Sicherheitsmaßnahmen waren beispiellos. Was wir auf dem UN-Gelände zu erreichen versuchten, war ebenfalls beispiellos. Die größten Verhandlungen zum Klimawandel in der Geschichte der Vereinten Nationen dauerten nun schon fünf Tage an. Es ging um viel.

Kevin erklärte, man habe die Bombe an der Métro-Station Le Bourget in einer Mülltüte gefunden. Dieser Verkehrsknotenpunkt war die wichtigste ÖPNV-Haltestelle für unsere Konferenz – alle Delegierten kamen hier entlang. Christianas zwei Töchter stiegen dort mindestens zweimal am Tag ein oder aus. Tom hatte zwei Kinder, die daheim auf seine Rückkehr warteten. Wir blickten einander an und sahen die drei Wochen zurückliegenden Szenen in Paris und Saint-Denis wieder vor uns. Glassplitter. Blut. Weinende Angehörige.

Die Bombe war inzwischen entschärft, aber niemand wusste, ob sich auf dem Konferenzgelände nicht noch weitere Sprengkörper befanden. Alles hing in der Schwebe. Nach jahrelanger Entwicklung lag endlich ein Textentwurf für ein globales Klimaabkommen vor. Der beinhaltete das Langzeitziel einer emissionsfreien Wirtschaft, den Schutz der Schwachen und sogar eine Sperrklausel, die die Emissionsreduzierung regelmäßig erweitern und so den weltweiten Temperaturanstieg auf «deutlich unter zwei Grad Celsius» begrenzen sollte.

Diese ehrgeizigen Ziele standen im Textentwurf, doch gab es keinerlei Garantie dafür, dass sie auch in die Endfassung gelangten, da viele Länder politischen Druck ausübten, sie zu streichen. Obendrein wollten wir noch mehr. Wir wollten ein Abkommen, das uns auf den Weg zu einem maximalen Temperaturanstieg von 1,5 Grad Celsius brachte. Ein Anstieg um zwei Grad bedeutete bis zu dreimal mehr zerstörte Infrastruktur, biologische Schäden sowie lebensbedrohliche Hitze, Hunger und Wasserknappheit. Die Differenz eines halben Grades würde hunderte Millionen Menschenleben retten und vielleicht sogar tiefliegenden Inseln und

Küstenstrichen eine Überlebenschance bieten. Bliesen wir die Konferenz ab, wäre es unklar, ob wir jemals ein Übereinkommen erzielen könnten – es gab nach wie vor beträchtliche politische Hindernisse, und der Widerstand gegen den Vertrag formierte sich bereits, um die Welt davon abzuhalten, das Notwendige zu unternehmen.

Wir hatten eine einzigartige Chance. Also musste jetzt eine Entscheidung getroffen werden.

Sollten wir die Konferenz abbrechen und mit ihr die Chance auf ein globales Klimaabkommen, oder sollten wir sie fortsetzen, mit allen Risiken, die damit verbunden waren? Christiana waren schwere Entscheidungen zwar nicht fremd, aber dies war eine Wahl, vor der eine Mutter niemals stehen sollte.

Alle Risiken, Ängste und möglichen Verluste wurden uns in jenem Augenblick bewusst. Es war ein schrecklicher Moment, bei dem wir aber nicht lange verweilen konnten. Wir mussten handeln – so oder so.

Auch Sie stehen vor einer Entscheidung, und inzwischen kennen Sie auch die Risiken. Die Zeit, die Ihnen bleibt, um Ihre Wahl zu treffen und zu handeln, ist verschwindend gering. Wir haben bereits über die Denkweise gesprochen, zu der wir alle gelangen müssen, um für die globale Herausforderung der Klimakrise gewappnet zu sein, doch das allein genügt nicht. Damit Veränderungen zum Wandel werden, muss sich unser Denken in unserem Handeln manifestieren.

Zehn Maßnahmen sind notwendig, um eine regenerative Zukunft zu schaffen, die Zukunft, für die Sie sich hoffentlich entscheiden. Manche mögen vertraut sein, andere sind neu. Wir haben dabei nicht nur die Welt ins Auge gefasst, die wir zu schaffen versuchen, sondern auch die Risiken abgewogen, die dieses Unterfangen mit sich bringt.

Auf einer übergeordneten Ebene liegt die große Lösung der Klimafrage klar auf der Hand; wir müssen aufhören, die Atmosphäre mit Treibhausgasen vollzumüllen. Um dieses Ziel zu erreichen, müssen wir jedoch eine Unmenge kleiner Lösungen finden. Emissionen von Treibhausgasen sind das direkte Ergebnis dessen, was der Mensch tut, um zu überleben: So beschafft er etwa Nahrung und bewegt sich fort. Unser gesamtes Tun und Sein ist mittlerweile derart eng mit Handlungsweisen verflochten, die den Planeten umbringen, dass wir nicht einfach einen Schalter umlegen und die Treibhausemissionen beenden können.[1] Stellen wir uns die Konsequenzen vor: Würden wir in einer imaginären Welt von einem Augenblick auf den anderen keine fossilen Brennstoffe mehr nutzen und somit den Menschen vorenthalten, woran sie gewöhnt sind – dann käme es innerhalb weniger Wochen, wenn nicht innerhalb von Tagen weltweit zur Revolution.

Andererseits, wenn die Regierungen nicht genug tun und dadurch weiterhin das Leben junger Menschen und ihrer noch ungeborenen Kinder gefährden, sind größere Unruhen nicht weniger wahrscheinlich, mancherorts deuten sie sich bereits an.[2]

Sofern wir nicht Tyrannei oder Anarchie in Kauf nehmen wollen, brauchen wir einen transformativen Wandel in einem Tempo, wie ihn die Wissenschaft fordert, und in einer mit der Demokratie verträglichen Art und Weise. Dieser Punkt ist entscheidend. In den kommenden Jahrzehnten wird sich der Klimawandel stärker und tödlicher zeigen und dadurch vermehrt zu Völkerwanderungen, einer Veränderung der landwirtschaftlichen Erträge und schweren Wetterextremen führen. Zunehmend werden populistische Führer ihre Handlungen mit der Behauptung zu rechtfertigen versuchen, sie schützten damit die kurzfristigen Interessen derjenigen, die von ihnen regiert werden. Das könnte Versuche behindern, den Ursachen des Klimawandels zu begegnen, und dadurch die Krise verschärfen.

Selbst politische Beobachter, die dafür bekannt sind, die Entwicklungen eher auf die leichte Schulter zu nehmen, erkennen, dass dieses Risiko nicht rein theoretischer Natur ist. Eine fünfjährige Dürre in Syrien – die schlimmste seit Beginn der Aufzeichnungen – zerstörte den dortigen Agrarsektor und zwang viele Bauernfamilien, in die Städte zu ziehen. Durch den Krieg im Irak drängten bereits große Flüchtlingsströme ins Land. Die stetig wachsenden Spannungen führten schließlich zum Bürgerkrieg und zu den von Baschar al-Assad begangenen Gräueltaten.

Dann gelangte ein Strom hauptsächlich aus Syrien stammender Flüchtlinge nach Europa, von denen dank Bundeskanzlerin Angela Merkel schließlich viele in Deutschland aufgenommen wurden.[3] Die Folge waren fundamentale Veränderungen in der deutschen Politik: Die reaktionäre AfD (Alternative für Deutschland) kletterte in den Umfragen von drei auf 16 Prozent und ist inzwischen zu einer ernstzunehmenden politischen Kraft geworden.[4] Das wiederum schwächte Merkel, damals de facto Führerin der Europäischen Union, und beeinflusst weithin die Politik in der EU und über deren Grenzen hinaus.

Wenn wir bei zunehmend kritischen Auswirkungen des Klimawandels extremistischen Strömungen trotzen wollen, müssen wir künftig wesentlich besser vorbereitet sein, als wir es heute sind. Die zehn Maßnahmen, die wir hier darstellen, sollen nicht nur zeigen, wie wir Emissionen reduzieren können, sondern auch, wie wir uns als Gesellschaft widerstandsfähiger gegenüber extremistischen Bewegungen machen können, die uns in die falsche Richtung drängen könnten.

Die zehn Maßnahmen umfassen nicht nur die Abkehr von fossilen Brennstoffen und den Ausbau der Investitionen in innovative technologische Lösungen. Sie beinhalten auch die Forderung nach einem gerechteren Wirtschaftssystem, welches das soziale Netz nicht noch weiter strapaziert. Sie fordern jedermann dazu auf, sich politisch zu engagieren und den nostalgischen Blick auf eine Vergangenheit aufzugeben, deren Wiedererstehung gefährlich sein könnte. Andere Forderungen haben mit dem Klimawandel scheinbar nur wenig zu tun, betreffen jedoch die Fundamente einer Klimapolitik. Wir müssen den Kreislauf von Schuldzuweisung und Vergeltung verlassen und stattdessen die gemeinsamen Anstrengungen unternehmen, die so dringend notwendig sind. Wir können das soziale Netz nicht weiter strapazieren und die Ungleichheit verstärken, denn sonst werden unsere demokratischen Systeme weitere wirtschaftliche Veränderungen nicht tolerieren. Wir müssen alle gleichzeitig das große Ganze anpacken.

Worum wir Sie bitten werden, ist von großer Bedeutung. Es geht nicht nur darum, kleinere Anpassungen Ihres Lebensstils vorzunehmen, wenngleich auch diese wichtig sein können; es geht darum, unsere Prioritäten zu ändern, um eine Zukunft zu schaffen, in der wir alle gut leben können. Dazu gehört, dass wir die im vorigen Teil thematisierten Denkweisen entwickeln und anwenden und auf dieser geistigen Grundlage größere Schritte unternehmen, um eine neue Welt zu schaffen.

Niemand von uns hat es vollständig in der Hand, welchen Pfad die Welt schließlich einschlagen und welche Zukunft uns erwarten wird. Aber jeder von uns kann sich in den zehn von uns beschriebenen Aktionsradien persönlich einbringen und damit die Entwicklung in Richtung einer regenerativen Welt unterstützen.

Wir alle weben mit am großen Teppich der Geschichte. Wenn wir zurückschauen und an diejenigen denken, die in historischen Wendezeiten lebten, nehmen wir natürlich an, dass wir damals die richtigen Entscheidungen getroffen hätten und nicht mit gesenktem Kopf dahingetaumelt wären, ohne etwas zu ändern. Nun, jetzt haben wir eine solche Chance. Sämtliche notwendigen Maßnahmen können auf persönlicher Ebene ergriffen werden, und wenn es am Ende nur darauf hinausläuft, andere zu ermahnen, den Klimawandel ernst zu nehmen. Unsere Hoffnung ist, dass Sie nach der Lektüre dieses Buches erkennen, dass Sie durchaus etwas bewegen können.

Das bequeme Gefühl der Machtlosigkeit können wir uns nicht länger leisten.

Wir können es uns nicht länger leisten, Regierungen, Kommunalverwaltungen, Unternehmen oder Einzelpersonen die alleinige Verantwortung für den Klimaschutz zuzuschieben. Der Klimaschutz betrifft alle und überall, deshalb tragen wir alle individuell und kollektiv die Verantwortung dafür. In Ihrem Leben spielen Sie verschiedene Rollen – als Elternteil, Partner, Freund, Kollege, Gemeindemitglied oder Agnostiker. Vielleicht sind Sie sehr wohlhabend, vielleicht haben Sie gar nichts. Vielleicht sitzen Sie in einem Aufsichtsrat oder regieren eine Stadt, eine Provinz oder ein Land. Wer auch immer Sie sind, Sie werden jetzt in jeder einzelnen dieser Rollen gebraucht.

Unsere Denkweise zu ändern, ist entscheidend, aber nicht ausreichend. Wir ermuntern Sie deshalb, sobald wie möglich *etwas zu tun*. Konzentrieren Sie sich anfangs auf eine oder zwei der zehn Maßnahmen. Wählen Sie die Bereiche, die Ihnen am wichtigsten erscheinen, und nehmen Sie sich vor, mit der Zeit mehr zu tun. Denken Sie daran, dass unsere Diskussion lediglich den Weg weisen und beleuchten kann, was wir in diesem historischen Augenblick für entscheidend halten, dass wir alle jedoch eine Vielzahl anderer Dinge tun und etwas bewegen können.[5] Wenn Sie dieses Buch zuklappen und beschließen, an dieser Reise teilzunehmen, dann müssen Sie über das hier Dargelegte hinausgehen.

Den Ausgang unserer Bombengeschichte kennen Sie ja bereits. Wir mussten tun, was notwendig war – um jeden Preis. Wir wussten, dass wir unsere Kinder nur schützen konnten, wenn wir unsere Arbeit zum Schutz der gesamten Menschheit und unseres Heimatplaneten mutig fortsetzten. Die Métro-Station blieb geöffnet. Die Konferenz ging weiter. Diese Entscheidung war nicht ohne Risiko, aber wir bereuen sie nicht. Wir hoffen, dass wir in zehn Jahren dasselbe über unsere kollektive Anstrengung zur Rettung der Welt sagen können.

Die Zeit, zu tun, was wir können, ist verstrichen. Jeder von uns muss jetzt tun, was notwendig ist.

Lassen Sie die alte Welt los!

1 Um den Herausforderungen der Klimakrise zu begegnen und zu schützen, was uns lieb und teuer ist, um Demokratie, soziale Gerechtigkeit, Menschenrechte und andere hart erkämpfte Freiheiten künftig zu erhalten, müssen wir uns von allem verabschieden, was diese Errungenschaften zu vernichten droht. Es ist an der Zeit, unsere Lebensweise, unsere Arbeitswelt und unsere Beziehung zueinander in grundlegend neue Bahnen zu lenken. Wenn uns das gelingen soll, müssen wir eine Reihe bewusster Schritte unternehmen. Der erste Schritt ist, die Vergangenheit zu akzeptieren und sie dann hinter uns zu lassen.

Die fossilen Brennstoffe waren ein bedeutender Faktor in der Entwicklung der Menschheit, doch lässt sich ihre weitere Nutzung nicht befürworten, weil sie für unsere Gesundheit, unsere Ökosysteme und unser Klima außerordentlich schädlich sind. Machbare Alternativen sind sicherer. Es ist an der Zeit, den fossilen Brennstoffen zu danken, sie in den Ruhestand zu schicken und nach vorn zu blicken.

Dasselbe gilt für viele der grundlegenden Veränderungen, die wir jetzt angehen müssen. Die Grundpfeiler unserer heutigen Gesellschaft – Energie-, Verkehrs- und landwirtschaftliche Systeme, deren schädlicher Einfluss uns bekannt ist – müssen einem radikalen Wandel unterzogen werden.

Wir alle empfinden Veränderungen als schwierig. Meist hängen wir an Altbekanntem und stehen Neuem skeptisch gegenüber – selbst wenn das Neue enorme Vorzüge bietet. Der Wider-

stand gegen Windkraftanlagen ist ein gutes Beispiel. Obwohl
Landwind mittlerweile die billigste Energiequelle ist (billiger als
Öl, Kohle, Gas und auch andere erneuerbare Quellen),[6] leisten die
Landeigentümer erbitterten Widerstand, weil sie das Erschei-
nungsbild der Landschaft bewahren wollen. Als in Großbritannien 2015 die Conservative Party (die viele Wähler in ländlichen
Gebieten hat) an die Macht kam, kürzte sie die Subventionen und
änderte die Pläne für Windkraftanlagen auf dem Festland – mit
der Folge einer 80-prozentigen Senkung neuer Kapazitäten.[7] Erst
jetzt, da der Klimawandel mit Macht ins Bewusstsein der britischen Öffentlichkeit drängt, überwiegt die Befürwortung der
Windkraft das Festhalten an gestriger Ästhetik.

Bedenken Sie, dass manche Personen und Industrien aktiv gegen die Veränderungen ankämpfen, die zum Erreichen des Klima-
ziels einer nur 1,5 Grad wärmeren Erde unumgänglich sind. Sie
säen Angst und Unsicherheit, fördern Spaltung und Uneinigkeit
und verführen uns zu wenig konstruktiven Schuldzuweisungen.
Wir tun gut daran, ihnen zu widerstehen.

Veränderungen machen uns anfällig für Stammesverhalten
und die Illusion von Sicherheit. Eines der größten Risiken beim
Übergang zu einer regenerativen Welt ist, dass die politische Mitte
nicht standhält und Menschen auf die simplen Versprechen von
Populisten zu beiden Seiten des politischen Spektrums herein-
fallen. Sowohl die Geschichte als auch erste Anzeichen sprechen
dafür, dass dies unsere neue Realität sein könnte, die das Potenzial
besitzt, unsere Demokratie in eine Tyrannei zu verwandeln. Wir
können nicht zu dem Lebensstil zurückkehren, der den Klimanotstand verursacht hat; Neuland zu betreten, ist jedoch eine politische Herausforderung. Die politischen Erschütterungen, die derzeit überall auf der Welt spürbar werden, sind erst der Anfang.

Durch Veränderungen kann es auch zu Schuldzuweisungen
kommen. Manche Leute, die von sich behaupten, auf der richtigen
Seite der Klimadebatte zu stehen, vertreten eine mit Ausgrenzun-

gen und Vorwürfen operierende Denkweise. Schuldzuweisungen spielen in der Klimadebatte bereits eine vorgelagerte Rolle – sie richten sich gegen die dritte Welt, die Ölindustrie, gegen Kapitalismus und Konzerne, einzelne Länder und die ältere Generation.

Solche Empörung ist begreiflich, insbesondere jetzt, da wir zweifelsfrei wissen, dass manche Unternehmen die Wahrheit über den Klimawandel jahrzehntelang vertuscht haben, um weiter Geld zu verdienen.[8] In diesen Fällen sollte die Forderung nach Gerechtigkeit erhoben und es sollten ordentliche Gerichtsverfahren eingeleitet werden.

Schuldzuweisungen bringen uns jedoch nicht weiter. Sie vermitteln den Eindruck einer notwendigen Entschädigung, bewirken diese jedoch nicht. Schuldzuweisungen können uns verzehren und uns wichtige Jahre konstruktiven Handelns kosten. Die Geschichte zeigt sehr eindringlich, dass, wenn die Menschen erst begonnen haben, mit dem Finger aufeinander zu zeigen, dies nur noch schwer aufzuhalten ist. In den Nachwehen des Ersten Weltkriegs wurde Deutschland von den Siegermächten gedemütigt. Man zwang das Land zur Anerkennung der alleinigen Kriegsschuld und zur Zahlung lähmender Wiedergutmachungsleistungen. Historiker sind sich einig, dass dies den Weg für den Aufstieg des Faschismus ebnete und zwanzig Jahre später schließlich zu einem zweiten schweren weltweiten Konflikt führte.[9]

Folgendes können wir tun, um die alte Welt hinter uns zu lassen und unsere niedersten Impulse dabei im Zaum zu halten:

FOKUSSIEREN SIE SICH DARAUF, WOHIN SIE GEHEN, NICHT, WO SIE GEWESEN SIND. Kultivieren Sie Ihre konstruktive Vision der Zukunft und halten Sie daran fest, komme, was da wolle. Wenn Sie sehen können, wohin Sie gehen, fürchten Sie sich weniger davor, die Vergangenheit loszulassen.

WERDEN SIE RESILIENT GEGENÜBER NOSTALGIE. Akzeptieren und verstehen Sie, dass unsere Welt seit jeher einem steten Wandel unterworfen ist, und versuchen Sie aktiv, Vergangenem nicht nachzutrauern. Wir alle sind anfällig für die Sehnsucht nach der «guten alten Zeit». Die Geschichte lehrt uns jedoch, dass Nostalgie in Zeiten des Wandels schädlich sein kann. Sie kann uns von dringenden Aufgaben ablenken; politische Führer beschwören die Vergangenheit, um unsere Gefühle zu manipulieren und unser Einverständnis mit unmoralischem Handeln zu erschleichen.

VERLASSEN SIE IHR SCHNECKENHAUS. Es wird uns nicht gelingen, große gesellschaftliche Veränderungen herbeizuführen, wenn wir die Werte und berechtigten Sorgen der Anderen nicht vollständig verstehen und akzeptieren. Bestimmte Teile unserer Gesellschaft sind vielleicht aus gutem Grund gegen Veränderungen, und wenn wir sie nicht verstehen, bedeutet das einen Rückschlag für uns alle. Im Jahre 2018 versuchte der französische Präsident Emmanuel Macron, Emissionen und Luftverschmutzung durch eine Anhebung der Kraftstoffsteuer entgegenzuwirken. Es gelang ihm jedoch nicht, alle mit an Bord zu holen – Pendler mit geringem Einkommen etwa sahen in der Maßnahme eine inakzeptable Erhöhung ihrer Fahrtkosten. Die Folge waren massive Proteste, mit denen die Regierung so nicht gerechnet hatte. Schließlich zwangen die sogenannten Gelbwesten *(gilets jaunes)* Macron sogar, seinen Plan aufzugeben.[10] Wie kommt es zu solchen Unstimmigkeiten? Zum Teil durch eine zunehmende Spaltung der Gesellschaft, die mit unserem Medienkonsum zu tun hat. Wir neigen dazu, Meinungen zu lesen, die unsere eigenen Ansichten widerspiegeln oder bekräftigen und uns deshalb darin bestärken, was wir hören wollen und bereits glauben. Klug programmierte Algorithmen im Internet und in den sozialen Medien bringen diesen Vorgang auf Hochtouren.[11]

Das bedeutet, dass wir häufig keine Ahnung haben, was anderen Menschen wichtig ist und was sie denken.

Schalten Sie den Bildschirm ab; lernen Sie Ihre Nachbarn kennen, die Menschen in der Warteschlange im Supermarkt oder andere Pendler in der Straßenbahn. Stellen Sie Ihre eigenen Ansichten in Frage und hüten Sie sich vor Fehlmeldungen und gezielten Falschinformationen. Teilen Sie Ihre Hoffnungen und Ängste *persönlich* mit, hören Sie anderen zu, seien Sie ehrlich und respektvoll.

Im Jahr 1990, nach 27 Jahren Gefängnis, teilte Präsident F. W. de Klerk dem inhaftierten Nelson Mandela mit, dass er in weniger als 24 Stunden freigelassen werde. Am Tag darauf verließ Mandela das Victor Verster Prison, um bald darauf Geschichte zu schreiben. Er musste einen Hof überqueren, jenseits dessen er ein freier Mann sein würde. Wie er sich später erinnerte, war ihm dabei eines bewusst: Könnte er seinen Peinigern nicht bis zum Erreichen der Außenmauer vergeben, würde ihm das niemals gelingen. Also vergab er ihnen. Das bedeutete nicht, dass er vergaß. Die später von ihm gegründete Truth and Reconciliation Commission (TRC) spielte eine bedeutende Rolle bei der Vergangenheitsbewältigung im Post-Apartheid-Südafrika. Die TRC ermöglichte allen Gewaltopfern die Anhörung in einem formalen Verfahren. Daneben konnten auch all diejenigen, die Gewalt verübt hatten, eine Aussage machen und Straferlass fordern. Mandelas Errungenschaft und der von ihm etablierte Prozess trugen wesentlich dazu bei, dass sich das Land grundlegend wandeln konnte.

Die Vergangenheit wurde aufgegeben, und die Zukunft hatte endlich Platz, sich zu entfalten.

Auch wir müssen die von fossilen Brennstoffen beherrschte Vergangenheit ohne Groll hinter uns lassen. Der Prozess des Loslassens ist unumgänglich, und er muss bewusst vollzogen werden. Je mehr wir uns bemühen, die alte Welt hinter uns zu lassen und zuversichtlich in die Zukunft zu schreiten, desto besser werden wir meistern, was vor uns liegt.

Stellen Sie sich der Realität, aber halten Sie an einer Vision der Zukunft fest!

2 Die Winter, Frühlinge, Sommer und Herbste, die Regen- und Trockenperioden, an die wir uns erinnern, werden nicht identisch mit jenen sein, die unsere Kinder und deren Kinder erleben werden. Man trifft heute kaum noch jemanden, die oder der sich nicht der Tatsache bewusst wäre, dass die Witterungsmuster unserer Kindheit raschen und ebenso drastischen Veränderungen unterworfen sind. Gletscher und Seen verschwinden zusehends, und unsere Ozeane ersticken an Plastik.[12] Aus den auftauenden Dauerfrostböden treten uralte Knochen und Seuchen an die Oberfläche.[13] Vor unseren Augen verändern sich Witterung und Landschaften, verschwinden jahrtausendealte Wegzeichen natürlicher Rhythmen, und mit ihrem Verlust geraten unsere Weltsicht und Weltdeutung ins Wanken. Das Ganze ergibt plötzlich keinen Sinn mehr.

Wir können uns dem Kummer über den Verlust der Artenvielfalt und das verarmte Dasein künftiger Generationen nicht verschließen. Wir müssen die volle Wucht dieser neuen Realität spüren. All diese Entwicklungen offenen Auges bewusst zu beobachten und sich nicht abzuwenden, erfordert Kraft; andererseits kann man mit der Situation vielleicht sogar besser umgehen, wenn man ihre Realität vollständig anerkennt. Darüber hinaus müssen wir in die Zukunft schauen und unseren Blick darauf richten, welche Möglichkeiten uns dennoch bleiben. Die vor uns liegenden Veränderungen werden verstörender sein als diejenigen, die wir bereits erlebt haben, und wir werden leicht aus dem Tritt geraten, wenn wir uns nicht klar werden, wohin wir gehen wollen. Wir müssen daher die Verantwortung für diese Realität übernehmen, indem wir uns der ungewissen Zukunft mit unserem ganzen Mut stellen. Dazu müssen wir verstehen, warum wir diesem Moment mit Tatkraft und Entschlossenheit begegnen müssen.

Viele Jahre lang versuchten die Länder der Welt, ein globales Abkommen über den Klimawandel zu erreichen. Dieses Bestreben wurde so beherrschend, dass die Herausforderung und der Grund, ihr zu begegnen, miteinander verschmolzen. Die Verabschiedung eines globalen Abkommens wurde zur Vision. So bedeutend und wichtig das Abkommen war, eigentlich war es nur ein Etappenziel im Dienst einer Vision. Diese Vision war und ist eine regenerative Welt, in der die Menschen im Einklang mit der Natur leben können.

Visionen werden leicht mit Zielen verwechselt. Ein Ziel ist eine spezifische Vorgabe auf dem Weg zum Erreichen einer Vision. Es umfasst die Strategien und Taktiken, derer wir uns auf dem Weg zur Vision bedienen. Ziele sind entscheidend, aber wir brauchen ebenso die Vision, um die notwendige Tatkraft und Entschlossenheit zu entfachen, die wir in den kommenden, schwierigen Jahren brauchen. Ziele allein gewähren nicht die Flexibilität, die zum Erreichen der Vision benötigt wird.

Wenn wir das große Ganze aus den Augen verlieren und uns nur noch darauf fixieren, wie wir dieses erreichen, kommt der Fortschritt zum Stillstand; im noch schlimmeren Fall entsteht sogar Uneinigkeit.

Denjenigen indes, die sofort handeln wollen, erscheint es bisweilen unverantwortlich und realitätsfern, sich auf eine Vision zu berufen. Wenn wir uns mit aktuellen Problemen konfrontiert sehen – von zunehmend extremen Wetterphänomenen betroffene Regionen; die unüberbrückbare Kluft zwischen Arm und Reich; habgierige multinationale Konzerne, die schnellen Profit statt nachhaltiger Werte anstreben; und politische Führer, die bewusst Keile zwischen Nationen treiben (und zwischen gesellschaftliche Gruppen innerhalb von Nationen) –, dann mag eine Vision wie naives Wunschdenken wirken. Der Weg von einer Vision bis zu deren Verwirklichung durch gemeinsames Handeln kann mitunter unerreichbar lang erscheinen.

Es ist unverzichtbar, eine Vision zu haben, aber man muss offen dafür bleiben, manches auf neue Weise zu tun. Halten Sie daher an Ihrer Vision fest, aber bleiben Sie hinsichtlich des Wegs dorthin flexibel und anpassungsfähig. Die Umstände mögen eine geänderte Route erfordern, doch die Vision bleibt wie ein fixer Polarstern, ein Wegweiser *und* Ziel zugleich.

BEGINNEN SIE MIT DEM WARUM. Um Ihre Vision weiterzuverfolgen, müssen Sie nicht an die Wahrscheinlichkeit ihres Eintritts glauben oder daran, dass die Bemühungen, dies zu erreichen, gut ausgehen werden.

Wenn Sie die verschiedenen Szenarien durchdenken, die zu Beginn dieses Buches dargestellt sind, kommen Sie möglicherweise zu dem Schluss, dass wir das Ruder nicht mehr rechtzeitig werden herumreißen können, dass wir dem Untergang geweiht sind und unsere Vision unerreichbar ist. Dieser Gedanke ist nicht irrational. Irrational hingegen wäre die Annahme, dass die Gründe, eine bessere Zukunft zu schaffen, deshalb geringer einzuschätzen wären. Der hartnäckige Optimismus muss Sie jeden Tag motivieren; Sie müssen stets im Sinn behalten, warum Sie finden, dass es sich lohnt, für die Zukunft zu kämpfen. Dieses unverzichtbare «Warum» sollte daher die treibende Kraft aller Anstrengungen im Kampf gegen den Klimawandel sein, ganz gleich, was geschieht.

FANTASIE IST ESSENTIELL. Ideologien und gesellschaftliche Organisationsmuster können äußerst festgefahren wirken, doch sind sie anfälliger für Störungen, als man denken mag. Emmeline Pankhurst und die Suffragetten-Bewegung brauchten kaum mehr als ein Jahrzehnt, um die britische Regierung zu zwingen, Frauen das Wahlrecht einzuräumen.[14] Die Sowjetunion schien ein auf ewig zementiertes System zu sein, doch sobald die ersten Risse entstanden, dauerte es nur noch wenige Monate, und das gesamte Gefüge brach in sich zusammen.[15]

Im Jahr 1939 präsentierte General Motors den Besuchern der Weltausstellung in New York City die fantasievolle Vision einer möglichen Zukunft. Das Ganze hieß Futurama und bestand aus einem riesigen Modell mit zahlreichen Hochhäusern, riesigen Vorstädten und breiten Autobahnen, um zwischen den beiden Bereichen zu pendeln – was die Nutzung von Automobilen erforderte.[16]

Um die heute herrschende Zersiedlung fit für die Zukunft zu machen, ist viel Fantasie gefragt. Manche Zukunftsforscher glauben, dass wir mit dem Aufkommen autonomer, bei Bedarf buchbarer Elektromobile innerhalb eines Jahrzehnts 80 Prozent weniger Autos auf den Straßen benötigen als heute.[17] Dadurch würden riesige innerstädtische Flächen frei werden, die als Parkplätze dienen.

In London könnte dies etwa bedeuten, dass mehr als 70 Prozent der Fläche, die derzeit für das Abstellen von Automobilen genutzt wird – ein Äquivalent von etwa 5000 Sportplätzen –, künftig für den Nahrungsmittelanbau, ökologische Begrünung oder nachhaltigen Wohnungsbau zur Verfügung stünde.[18]

Vieles, was wir für dauerhaft halten, ist flüchtiger, als uns bewusst ist. Fantasie mag bisweilen naiv wirken, doch sollte man sich über vermeintliche Traumtänzereien keinesfalls lustig machen. Immer wieder haben Gesellschaften scheinbare Träumereien in die Realität umgesetzt, wenn die Umstände etwas Neues notwendig machten.

RICHTEN SIE DEN BLICK NACH VORN. Es wird Zeiten geben, da werden wir glauben, dass wir scheitern. Ganz gleich, welche Fortschritte wir auch machen, sehen wir doch immer neue Verschlechterungen in unserer Umwelt oder in unserer Gesellschaft. Es wird sehr schlimm werden: Menschen sterben infolge des Klimawandels, besiedelte Landstriche werden unbewohnbar, und das Artensterben geht weiter – all das gibt Anlass zur Trauer, und Trauer ist auch notwendig. Unterdrücken Sie Ihren Schmerz nicht. Lassen Sie ihm den angemessenen Raum, und suchen Sie Trost in der Gemeinschaft – beides ist äußerst wichtig. Wir können und sollten uns dieser Trauer nicht verschließen, doch sollte uns der Schmerz noch stärker zum Handeln motivieren, anstatt uns in einen Strudel aus Vorwürfen, Verzweiflung und Hoffnungslosigkeit zu stürzen.

Maya Angelou hat dies sehr treffend formuliert: «Man mag viele Niederlagen erleiden, aber man braucht sich nicht geschlagen geben. Tatsächlich mögen solche Niederlagen sogar notwendig sein, damit man weiß, wer man ist, was man überwinden kann, wie man etwas trotzdem bewältigt.»[19]

Eine fesselnde Vision erweckt den Eindruck, man habe die Zukunft am Haken. Sie verbindet einen mit den vielen Möglichkeiten, die sich auftun, und hilft einem, sie in die Gegenwart zu ziehen. Halten Sie daran fest. Vertrauen Sie auf die Vision einer Welt, von der Sie wissen, dass sie möglich ist.

Dies ist ein Akt radikalen Widerstands gegen den Glauben, dass unsere Probleme nicht mehr lösbar seien.

Als Martin Luther King im August 1963 auf den Stufen des Lincoln Memorial stand, waren die Aussichten für die Beziehungen zwischen Menschen unterschiedlicher ethnischer Herkunft in den Vereinigten Staaten düster. Nur Monate zuvor hatte der Gouverneur von Alabama, George Wallace, verkündet: «Rassentrennung jetzt, Rassentrennung morgen, Rassentrennung für immer.» Um die Segregation durchzusetzen, ging die Polizei mit Hunden und

Wasserwerfern gegen Demonstranten vor, sogar gegen kleine Kinder von sechs Jahren. Selbst diejenigen, die auf Seiten der Bürgerrechtler standen, glaubten, dass eine Veränderung nicht in Sicht und die ganze Kampagne hoffnungslos sei. In diesem Kontext waren Kings Worte über seinen Traum wie ein Licht in der Finsternis. Er wusste nicht, was geschehen würde, aber er hielt an seiner Vision einer Gesellschaft fest, in der die Menschen ungeachtet ihrer Hautfarbe gleichbehandelt werden. Im Jahr darauf führte seine Beharrlichkeit zur Verabschiedung des Civil Rights Act. Seine Vision lebte nach seinem Tod fort, befeuerte weltweit die Gründung von Gleichheitsbewegungen und machte den gewaltlosen Protest zum Eckpfeiler politischer Protestbewegungen.[20]

Eine Welt, die gelernt hat, Weitblick und Fantasie voll auszuschöpfen, ist ein wesentlich lebhafterer, inspirierenderer und fröhlicherer Ort. In diesen komplizierten Zeiten beklagen wir oft den Mangel an globalen Führungspersönlichkeiten, die uns den Weg weisen und uns leiten. Solche Menschen sind wichtig, doch müssen wir alle daran glauben, dass die Welt es wert ist, gerettet zu werden, und eine regenerative Zukunft grundsätzlich möglich ist. Wir werden dieses Problem nicht lösen, indem wir darauf hoffen, dass unsere demokratischen Systeme eine erleuchtete Führungspersönlichkeit hervorbringen. Das mag zwar geschehen, aber das Überleben unserer Spezies darf nicht von Parteigrenzen abhängen. Stattdessen müssen wir alle die starke Vision einer besseren Zukunft verinnerlichen.

Verteidigen Sie die Wahrheit!

3 Vor drei Jahrhunderten schrieb Jonathan Swift: «Die Lüge fliegt, und die Wahrheit hinkt hinterher.»[21] Wie prophetisch seine Worte doch waren. Eine aktuelle Analyse des Massachusetts Institute of Technology zeigt, dass sich Lügen auf Twitter sechsmal schneller als die Wahrheit verbreiten, und dass die Wahrheit nie dasselbe Maß an Tiefenwirkung erreicht.[22] Soziale Medien sind Brutstätte und Turboverteiler für Lügen.

Diese Tatsache hat ernste Konsequenzen für unsere Gesellschaft und insbesondere für unsere Fähigkeit, gemeinsam gegen Langzeitbedrohungen wie die Klimakrise vorzugehen. In dieser «Post-Wahrheitsära» ist die Untergrabung der Wissenschaft alltäglich geworden.

Der Stellenwert wissenschaftlichen Vorgehens wankt, die Objektivität ist unter Beschuss. Manche politischen Führer haben beschlossen, sich von der objektiven Realität zu verabschieden. Der Aufstieg der sozialen Medien hat diesen Leuten reichlich Gelegenheit geboten, Fakten zu vernebeln. Dieser Schwenk in Richtung Subjektivität schafft einen Nährboden für Unterdrückung und Tyrannei. Wir alle stehen in der direkten Verantwortung, solche Angriffe auf die Wahrheit zu erkennen und zu bekämpfen, denn lassen wir sie gewähren, erlischt die Chance, etwas gegen den Klimawandel zu unternehmen, für immer.

In keiner Epoche der Geschichte sagten Führungsfiguren stets die ganze Wahrheit, doch inzwischen wird in der politischen Arena gelogen wie nie zuvor. Es gibt einen Grund, warum die Menschen für diese Post-Wahrheitswelt anfällig sind: Offenbar liegt es in unserer Natur, statt Beweisen für eine objektive Realität die Bestätigung für etwas zu suchen, das wir bereits für wahr halten.[23] Es ist ein gutes Gefühl, wenn wir unsere Überzeugungen bestätigt sehen, und deshalb reagieren wir emotional positiv auf jeden, der uns dieses Gefühl vermittelt. Wenn eine Führungsfigur unsere Annahme bestätigt, dass Impfungen Autismus hervorrufen oder dass der ganze Klimawandel ein Schwindel ist oder dass alles, was wir für wahr halten, auch wahr ist, dann durchfährt uns ein Schauer positiver Gefühle. Dieses bestens dokumentierte und erforschte Phänomen bezeichnet man als Bestätigungsfehler.[24]

Der Klimawandel wird zu Katastrophen führen, und zwar zu vielen: zu Überschwemmungen großer Städte, zum Untergang von Inseln, zu wachsenden Flüchtlingsströmen. In solchen Augenblicken extremer Verletzlichkeit werden autoritäre Führer versuchen, dies zur Konsolidierung ihrer Macht zu nutzen. Populistische, autoritäre Herrscher werden nicht darauf aus sein, der komplexen Klimakrise praktikable Langzeitlösungen entgegenzusetzen; stattdessen werden sie einen Sündenbock finden. Wir können nicht zulassen, dass sie die bevorstehenden Katastrophen ausnutzen und so die planetare Tragödie zu unser aller Schaden noch verschlimmern.

Folgendes können wir tun, um die Wahrheit zu verteidigen:

BEFREIEN SIE IHREN GEIST. Am Ende sind Sie selbst dafür verantwortlich, was Sie in einer Welt der Post-Wahrheit glauben wollen. Missverstehen Sie dieses Problem nicht als der Klimakrise untergeordnet. Wenn wir uns schon auf etwas so Grundlegendes wie verifizierte Fakten nicht einigen können, werden uns die Hände gebunden sein, wenn es an die wirklich großen Probleme geht, und der Klimawandel ist *gewaltig*.

Die Realität des Klimawandels ruft endlich echten öffentlichen

Zorn hervor und holt die Menschen auf die Straße. Unsere demokratischen Systeme können sich unseren Stimmen nicht lange verschließen, vorausgesetzt, wir können die objektive Wahrheit als Basis unserer Gesellschaften aufrechterhalten. Wir müssen bewusst einen Zustand der Selbstreflexion erreichen und uns fragen, ob wir aktiv nur solche Informationen beherzigen, die unsere Position nicht in Zweifel ziehen. Zum Beispiel könnte die Tatsache, dass Sie dieses Buch lesen, ein Bestätigungsfehler sein. Achten Sie auf Ihren eigenen Eifer, politischen Führern zu glauben, denen Sie zustimmen, und jenen zu misstrauen, mit denen Sie uneins sind. Zwingen Sie Ihren Geist dazu, Straßen und Wege des Denkens zu erkunden, die Ihnen nicht geläufig sind. Außerhalb etablierter Muster zu denken, ist ein radikaler Akt zur Bewahrung unserer kollektiven Freiheit. Werden Sie gut darin.

LERNEN SIE, ZWISCHEN ECHTER WISSENSCHAFT UND PSEUDOWISSENSCHAFT ZU UNTERSCHEIDEN. Im Jahr 2017 schickte das Heartland Institute – eine teilweise von der Mercer Family Foundation finanzierte, konservative Denkfabrik – an 300 000 Lehrer in den gesamten Vereinigten Staaten aufwändig produzierte Lehrbücher über den Klimawandel. Das Buch, das die politischen Entscheidungsträger ins Visier nahm und 2015 zeitgleich mit den Pariser Verhandlungen erschien, trug den Titel *Warum Wissenschaftler über die Erderwärmung uneins sind* und begann mit folgender Aussage: «Die in der Debatte um die Erderwärmung vermutlich am häufigsten vorgebrachte Behauptung ist, dass ‹97 Prozent der Wissenschaftler einig sind›, der Klimawandel sei vom Menschen verschuldet und gefährlich. Diese Behauptung ist nicht nur falsch, sondern durch ihre ständige Wiederholung auch ein Affront gegen die Wissenschaft.» Das von «angesehenen Klimaforschern» verfasste Lehrbuch wurde mitsamt einem Brief an die Lehrer geschickt, in welchem man diese drängte, das Buch und die begleitende DVD im Unterricht zu verwenden. Das Heart-land Institute, das die Leugnung wissenschaftlicher Erkenntnisse über den Klimawandel fördert, ermutigte die Menschen, sich «bei unabhängigen Nichtregierungsorganisationen und Wissenschaft-lern zu informieren, die keinerlei finanziellen oder politischen In-teressenkonflikten unterliegen», anstatt sich auf die wissenschaft-lich fundierten Empfehlungen des Weltklimarats zu verlassen.

Für manche Empfänger dieses Buches war es vermutlich ex-trem schwierig, zu erkennen, ob es sich um echte Wissenschaft oder blanken Unsinn handelte, und ob die Autoren tatsächlich an-gesehene Klimaforscher waren oder nicht. Tatsächlich handelte es sich bei einem der Autoren um den ehemaligen Leiter der Um-weltabteilung von Peabody Energy (eines bankrotten Kohleunter-nehmens). Dieser Autor besaß einen Master-Abschluss und einen Doktortitel in Geografie, nicht in Klimaforschung. Er nahm für sich in Anspruch, der führende Autor der Berichte des Nongovern-mental International Panel on Climate Change (NIPCC) zu sein.

Beachten Sie die auffällige und verwirrende Namensähnlich-keit mit dem Intergovernmental Panel on Climate Change, dem Klimarat der Vereinten Nationen (IPCC). Der NIPCC ist ein vom Heartland Institute finanziertes Projekt. Viele Lehrer erkannten das Lehrbuch sofort als das unwissenschaftliche Propagandawerk, das es war, die anderen aber verwendeten es im Unterricht und beeinflussten damit vielleicht nachhaltig ihre Schüler.

Diese Geschichte lehrt uns Folgendes: Selbst wenn ein Doku-ment «offiziell» aussieht, hübsch aufgemacht und von echten Wis-senschaftlern verfasst ist, sollten wir seinen Inhalt mit Vorsicht genießen. Es ist unverzichtbar, dass Sie den zusätzlichen Aufwand treiben, herauszufinden, ob sich Ihre Meinungen auf Fakten oder auf Fiktionen stützen. Überprüfen Sie, woher Ihre Informationen stammen. Falls nötig, folgen Sie der Spur des Geldes. Versuchen Sie herauszufinden, wer die fragliche Studie finanziert hat, ob es nun ein Forschungsbericht ist, ein Nachrichtenbeitrag oder ein

Artikel. Schauen Sie, ob die Studie von einer angesehenen Universität oder einer anderen bekannten akademischen Institution stammt. Am einfachsten lässt sich das feststellen, indem man nach sogenannten Peer Reviews der Studie sucht, sprich: man recherchiert, ob sie von anderen Experten auf demselben Gebiet überprüft und beurteilt wurde. Ein Beispiel: Der im Oktober 2018 veröffentlichte Bericht des Weltklimarats über die 1,5 Grad Celsius war eine Zusammenarbeit von 91 Autoren und Review Editors aus 40 verschiedenen Ländern. Die meisten großen Zeitungen haben eine Redaktionspolitik, die sicherstellt, dass Quellen entweder fachlich überprüft werden oder ähnlichen Zuverlässigkeitskriterien entsprechen, doch lohnt es sich *immer*, alles noch einmal selbst zu verifizieren.

GEBEN SIE DIE KLIMALEUGNER NICHT AUF. Nun, da wir tiefer in die Welt der Post-Wahrheit eintauchen, verläuft die Bruchlinie zwischen dem Wunsch nach Wahrheit und dem Festhalten an einer Ideologie näher an jedem Einzelnen von uns. Manche neigen vielleicht eher zu einer bestimmten Meinung, haben aber einen stärkeren Wunsch nach Wahrheit, wohingegen andere ungeachtet aller Fakten sklavisch auf einer Sichtweise beharren. Tatsächlich haben Letztere bereits den Schauplatz verlassen, auf dem Fakten eine Bedeutung haben. Viele Menschen erleben dies mittlerweile sogar innerhalb der eigenen Familie. Fakten reichen nicht aus, um einen Klimaleugner umzustimmen, also nützt es nichts, Statistiken und Quellen zu präsentieren. Wenn man diese Menschen erreichen will, muss man ihnen ernsthaft zuhören und ihre Sorgen zu verstehen versuchen. Wenn wir jedem Einzelnen Fürsorge, Liebe und Aufmerksamkeit entgegenbringen, können wir etwas gegen die Kräfte tun, die uns immer weiter voneinander entfernen.

Menschen, die zwischen dem Fall der Berliner Mauer und dem Einstürzen der Twin Towers groß geworden sind, mag die heutige Welt bisweilen ziemlich seltsam erscheinen. Ihre Jugend war geprägt von einem allgemeinen Konsens über den weiteren Fortschritt der Menschheit. Manch einer wünscht sich diese einfachere Zeit vielleicht zurück, was uns anfälliger für die Versprechen von Führern macht, die unseren Blick zurück richten, statt ihn auf das zu fokussieren, was vor uns liegt.

Die Zukunft wird anders sein, sie wird kompliziert sein, und der Dschinn der sozialen Medien wird nicht wieder in seiner Flasche verschwinden. Es ist eine unausweichliche Tatsache, dass die Menschheit der Wahrheit ins Gesicht sehen muss, wenn sie das selbst geschaffene Monster im Zaum halten will. Wenn wir gemeinsam etwas gegen die Klimakrise unternehmen und das zunehmend beschleunigte und umfangreichere Artensterben aufhalten wollen, müssen wir unsere Verantwortung anerkennen, die unstrittigen Wahrheiten des Klimawandels und dessen Folgen stets zu verteidigen. Wir alle sind verantwortlich für das, woran wir glauben, und dafür, diese Wahrheit vor Angriffen zu schützen. Wir werden erfolgreich sein, wenn wir die Informationen, die unsere Gedanken, Meinungen und Handlungen steuern, kritisch bewerten. Wir werden erfolgreich sein, indem wir Lügen benennen, insbesondere jene, die unser Handeln in Bezug auf den Klimawandel beeinflussen.

Haben wir uns dies erst einmal zur Gewohnheit gemacht und sind geübt darin, die Wahrheit zu erkennen, dann werden wir leichter unseren Weg durch den Nebel finden, der uns in Gestalt alltäglicher, um unsere Aufmerksamkeit buhlender Ablenkungen momentan umschließt. Wenn wir so vorgehen, um eine faktenbasierte Realität zu verteidigen und voranzubringen, dann wird die Vision der regenerativen Zukunft und unser Weg dorthin klarer in den Fokus rücken.

Sehen Sie sich selbst als Bürger – nicht als Konsument!

4 Die südindische Affenfalle ist eine geniale, aber grausame Vorrichtung. Sie besteht aus einer im Boden verankerten Kokosnuss mit einem Loch und einem süßen Reisbällchen im Innern. Ein Affe nähert sich und zwängt seine Hand durch das Loch, um den Reis zu ergreifen, den er dort riecht. Das Loch ist jedoch nicht groß genug, um seine geschlossene Hand wieder zurückzuziehen. Instinktiv hält er das Reisbällchen umklammert, sodass er allein durch seinen Instinkt, nicht durch etwas Physisches gefangen wird: Würde er den Reis loslassen, wäre er frei.

So steht es auch mit unserem Verhältnis zum Konsum (kaufen, benutzen und wegwerfen): Wir wissen, dass er uns in die Falle lockt, doch ist er, an einen Instinkt grenzend, so fest in unserer Psyche verankert, dass wir nicht loslassen können.

Vieles, was wir kaufen, soll unser Identitätsempfinden stärken. Bestimmte Kleider-, Seifen-, Keks-, Fernseher- und Automarken werden wie für einen Stamm entworfen. Hersteller und Händler solcher Konsumgüter pflegen sorgsam die entsprechenden Attribute. Identität und Konsum werden stetig unverwechselbarer. In Großbritannien etwa liegt der durchschnittliche Jahreskonsum von Kleidern bei über 33 Kilogramm, also etwa fünf Waschmaschinenladungen.[25] Die Kaufanreize entstehen hauptsächlich dadurch, dass sich Modetrends jede Saison ändern. Es liegt somit im Wesen dieser Zyklen, dass wir unseren Schrank regelmäßig ausräumen und dann brav neue Kleider einkaufen gehen.

Die Modeindustrie hinterlässt jedoch einen gewaltigen CO_2-Abdruck und steht in Sachen Umweltverschmutzung gleich an zweiter Stelle nach der Ölindustrie. Sie setzt mehr Treibhausgase frei als alle internationalen Flüge und die Seeschifffahrt zusammen. Schätzungen zufolge ist die Modeindustrie für zehn Prozent der globalen Kohlendioxidemissionen verantwortlich,[26] und mit unserem steigenden Verbrauch sogenannter Fast Fashion nehmen auch die damit einhergehenden Emissionen rapide zu.

Die Wachstumsmotoren unserer Wirtschaft funktionieren nur, wenn wir weiterhin Geld ausgeben. In den 1920er Jahren waren manche Amerikaner besorgt, dass eine neue Generation heranwachsen könnte, deren Bedürfnisse bereits befriedigt wären – was zu einer Stagnation des Wachstums geführt hätte. Im Jahr 1929 befand das Committee on Recent Economic Change von Präsident Herbert Hoover, dass Werbung notwendig sei, um «neue Bedürfnisse zu schaffen, an deren Stelle, sobald sie befriedigt sind, sofort die nächsten neuen Bedürfnisse treten».[27]

Heute geben Konsumgüterunternehmen sehr viel Geld aus, um dafür zu sorgen, dass wir den Konsumkreislauf nicht verlassen. Die Marketing- und Werbebudgets sind riesig. In den Vereinigten Staaten betrug der Preis für 30 Sekunden Werbung während des Super Bowl, eines der beliebtesten Sportereignisse im Fernsehen, im Jahr 2019 über fünf Millionen Dollar.[28] Der Online-Marktplatz Amazon strich 2018 allein durch Werbeeinnahmen die ungeheure Summe von zehn Milliarden ein.[29] In einer Welt von Konsum und schnellem Materialismus fließen jedes Jahr mehr als 550 Milliarden Dollar in die Werbung.[30]

Obendrein sind Milliarden von Produkten so konzipiert, dass ihre Haltbarkeitsdauer absichtlich begrenzt ist, wodurch das Wirtschaftswachstum zusätzlich befeuert wird. Einwegprodukte aus Plastik sind der Inbegriff dieser Praxis, doch ist die Obsoleszenz – der Prozess, wenn etwas veraltet und unnütz wird – in so gut wie alle Konsumgüter fest mit eingeplant. Für bestimmte Produkte wird selten länger als drei Jahre Garantie gegeben, weil sie nach dieser Zeit wahrscheinlich kaputtgehen. Häufig kostet ein neues Produkt weniger als das entsprechende Ersatzteil. Neue Software-Updates lassen sich auf alten Computern nicht installieren, was bedeutet, dass auch diese ersetzt werden müssen. Die Liste ist endlos und bedrückend. Als Folge davon werden Flicken, Reparieren und Restaurieren zu aussterbenden Künsten.

Globale Lieferketten reichen oft um die ganze Welt und wieder zurück. Jede Verkettung steht für einen bestimmten Produktionsschritt. Diese werden oft von verschiedenen Unternehmen ausgeführt, von der Förderung Seltener Erden für Ihr Smartphone in Bolivien bis zur Endmontage des fertigen Produkts in China. Als Folge davon lässt sich kaum erkennen, welche Teile der Lieferketten großer Konzerne nachhaltig wirtschaften und welche zum Klimawandel beitragen.

Folgendes können Sie tun:

HOLEN SIE SICH IHRE VORSTELLUNG VON EINEM GUTEN LEBEN ZURÜCK. Die vorherrschende Definition eines guten Lebens ist der Konsum: Unablässig jagt man dem allmächtigen Upgrade hinterher, sei es nun das Telefon, die Kleider oder das Auto. Doch anstatt unseren Bedürfnissen gerecht zu werden, kann der Kauf von Dingen zur Erreichung eines Zufriedenheits- oder Zugehörigkeitsgefühls suchterzeugend wirken und zu Selbstzweifeln und Verwirrung hinsichtlich Identität und Lebenssinn führen.[31] Sich als Konsument – eines beliebigen Produkts oder einer Marke – zu sehen, impliziert Passivität und die Annahme, dass der Konsum dieses Produkts den eigenen Bedürfnissen gerecht wird.

Der Materialismus verleitet uns zu dem Irrglauben, wir könnten eine Persönlichkeit kaufen. Darüber hinaus verbraucht er unseren geistigen Speicherplatz und schafft eine beengte Weltsicht, in der unser Selbstwert und unsere Identität auf der Vermehrung von Müll gründen. Psychologische Studien haben gezeigt, dass der Massenkonsum ein beständig größer werdendes Loch in unserem Leben erzeugt, das wir laufend zu füllen versuchen.[32] Wenn wir bewusst oder unbewusst versuchen, unser Identitätsempfinden durch kuratierte Verkaufsgewohnheiten zu konsolidieren, beschleunigen wir den Motor des Massenkonsums damit nur noch mehr und bringen uns immer näher an die Schwelle zur Katastrophe.

Trotz der mannigfachen Formen, wie uns die herrschende Kultur in Richtung eines blinden Konsums treibt, können wir dem gezielt Widerstand leisten. Wir können die geistige Disziplin entwickeln, den Imperativen des Materialismus zu trotzen. Wir können unsere Konsumgewohnheiten ändern und mit unserem Geld eine Stimme für nachhaltige Produkte abgeben.

Darüber hinaus können wir auch unser Selbstverständnis als Konsumenten ändern und unsere Beziehung zum Materialismus neu starten. Uns vom Einfluss der Werbung zu befreien, kann eine erlösende Erfahrung und ein radikaler politischer Akt sein.

WERDEN SIE EIN BESSERER KONSUMENT. Kurzfristig können wir etwas verbessern, wenn wir unsere Konsummuster innerhalb des Systems verändern. Nicht alle Käufe sind gleich. Der Kauf hochwertiger Kleider aus Bio-Baumwolle, die lange halten und aufgetragen werden, unterscheidet sich vom Kauf billiger Wegwerf-Artikel, die, wenn sie ein paar Wochen getragen wurden, auf einer Deponie landen. Wenn es Ihnen möglich ist, mit Ihrem Geld abzustimmen, dann treffen Sie bewusste Entscheidungen über die Produkte, die Sie kaufen müssen. Kaufen Sie von Unternehmen, die ihre Werte veröffentlichen, sich zur Nachhaltigkeit verpflichten und Organisationen angehören, die Brief und Siegel darauf geben, dass sie ihre Versprechen auch halten. So lässt sich schon eine ganze Menge bewegen.

Stimmen Sie mit Ihrem Geld ab. Am wichtigsten aber ist: Vermeiden Sie Müll. Folgen Sie der altmodischen Devise: «reduzieren, wiederverwenden, wiederverwerten». Wenn wir Dinge kaufen, sollten wir unsere Wahl auf Basis einschlägiger Informationen und vernünftiger Erwägungen treffen.

DEMATERIALISIEREN SIE IHR LEBEN. Denken Sie an die Entwicklung von Vinyl, Kassetten und CDs zum heutigen Download oder Streaming von Musik. In vielen Bereichen gestattet uns die moderne Technik, auf stoffliche Objekte zu verzichten und dennoch in den Genuss ihrer Funktionen zu kommen. Weniger kann also mehr sein. In naher Zukunft könnte selbst der individuelle Besitz eines Automobils als herrschendes Paradigma verschwinden – die Fortbewegung, die wir brauchen, könnten gemeinschaftlich genutzte Fahrzeuge bieten, möglicherweise autonom fahrend und ganz sicher elektrisch.[33] Vielleicht definieren sich Konsumenten eines Tages nicht mehr als Eigentümer von Produkten, sondern als Nutznießer von Dienstleistungen. Schon heute besitzt der weltgrößte Anbieter von Übernachtungsmöglichkeiten (Airbnb) keine eigenen Gebäude mehr, der weltgrößte Anbieter persönlicher Transportmittel (Uber) keine eigenen Autos.[34] Diese Verschiebung von Eigentum zu Verantwortung wird unser Verhältnis zum Materialismus grundlegend verändern. Wir können zu ihrer Beschleunigung beitragen, indem wir uns darauf einlassen und sie mit offenen Armen willkommen heißen.

Die durch den Schriftsteller Paulo Coelho bekannt gewordene Geschichte vom glücklichen Fischer gibt es in mehreren Variationen. Ein zufriedener Fischer entspannt sich am Strand seines kleinen Dorfes, nachdem er ein paar große Fische gefangen hat. Ein Geschäftsmann kommt vorbei, sieht den Fang und fragt den

Fischer, wie lange er gebraucht habe, um all diese großen Fische zu fangen. Nicht besonders lange, sagt der Fischer. Der Geschäftsmann fragt, warum der Fischer dann nicht länger auf See bleibe, um mehr Fische zu fangen, wenn es denn nicht lange dauere. Der Fischer erwidert, dass der Fisch, den er gefangen habe, ausreiche, um seine ganze Familie zu ernähren, und er nach getaner Arbeit nach Hause gehen und mit seinen Kindern spielen, mit seiner Frau ein Schläfchen machen und dann abends mit seinen Freunden trinken und musizieren könne.

Der Geschäftsmann sagt, er könne ihm etwas Geld leihen, damit er erfolgreicher werde. Dann könne der Fischer ein größeres Boot kaufen und länger auf See bleiben. So könne er viel mehr Fisch fangen, durch dessen Verkauf er wiederum mehr Geld verdienen könne. Er könne das Geld in weitere Boote investieren und ein Fischereiunternehmen gründen. Nach einiger Zeit könne das Fischereiunternehmen an die Börse gehen und dem Fischer Millionen einbringen.

«Und was dann?», fragt der Fischer.

Stolz erklärt der Geschäftsmann, dass sich der Fischer dann zur Ruhe setzen könne. Er könne seine Tage endlich so verbringen, wie er es sich wünsche: morgens ein paar Fische fangen, mit seinen Kindern spielen und Zeit verbringen, nachmittags mit seiner Frau ein Schläfchen machen und dann abends mit seinen Freunden trinken und musizieren.

Man sagt, die wichtigsten Dinge im Leben sind keine Dinge. Wenn wir wie Coelhos Fischer lernen, zu erkennen, was *genug* ist, können wir auch die Denkweise von Konsum und Eigentum überwinden und bewusst jene Kräfte meiden, die diese Denkweise fördern. Wir können anerkennen, dass mit einer anderen Lebenseinstellung auch unser Lebensglück wächst und sich die Ausbeutung unseres Planeten dramatisch verlangsamt.

5 Die Annahme, dass wir fossile Brennstoffe immer benötigen werden, entspringt einem Festhalten an der
Vergangenheit. Um die Nutzung fossiler Brennstoffe zu
überwinden, müssen wir die falsche Überzeugung ab-
legen, dass sie für die Entwicklung der Menschheit in Zukunft
notwendig wären. Nur wenn diese Denkweise in Frage gestellt
wird, können wir unsere Gedanken, unsere Finanzen und unsere
Infrastruktur auf die neuen Energien ausrichten.

Die Fossilbrennstoffindustrie verlangsamt gezielt diesen Übergang. Als Lieferanten dieser immer noch reichlich vorhandenen
und leistungsstarken Energiequellen haben diese Unternehmen
unverhältnismäßig große Macht angehäuft und genießen heute
weitreichenden Einfluss.

Viele Wirtschaftszweige investieren weiterhin kräftig in Lobbyarbeit, um neue Regulationen zu verwässern, die der Wirtschaft
den Schritt in ein post-fossiles Zeitalter erleichtern sollen.[35] Es gibt
aber auch Menschen in hohen Führungspositionen, die sich dem
Problem stellen und ihre Unternehmen neu strukturieren wollen.
Dieser Wunsch ist aufrichtig – das wissen wir aus erster Hand.
Aber diese Menschen haben einen schweren Stand: Verändern sie
ihre Unternehmen zu stark und zu schnell, destabilisieren sie ihr
Geschäftsmodell und werden von den Investoren abgestraft. Zö-
gern sie den Wandel zu lange hinaus, könnte der Wert ihrer Unternehmen sinken. Manche spielen das gefährliche Wartespiel «Letzter raus» – und generieren ihre Einnahmen auf dem Markt, den

ihnen diejenigen Unternehmen überlassen, die sich von fossilen Brennstoffen abwenden. Fast sämtliche Staaten subventionieren immer noch fossile Brennstoffe.

Die Fossilbrennstoffindustrie mag das bestreiten, aber sie erhält riesige staatliche Zuwendungen. Weltweit geben Staaten etwa 600 Milliarden Dollar pro Jahr aus, um die Preise für fossile Brennstoffe künstlich gering zu halten.[36] Das ist etwa das Dreifache der Subventionen für erneuerbare Energien.[37] Die Staaten mögen darauf verweisen, dass sie auch erneuerbare Energien fördern, doch solange sie nicht aufhören, fossile Brennstoffe zu subventionieren, wird unser Fortschritt verzögert.

Der britische Notenbankchef Mark Carney sagte einmal, dass ein sanfter Übergang von der heutigen, auf fossilen Brennstoffen gründenden Wirtschaft zu der künftig notwendigen, vollständig CO_2-freien Wirtschaft stattfinden müsse, da sonst irgendwann eine «plötzliche Notlage» eintreten werde[38] – womit er meinte, dass stark vom Kohlenstoff abhängige Vermögenswerte einen scharfen Kursverfall erleiden würden. Carney drängte darauf, dies um jeden Preis zu vermeiden. Wenn man bedenkt, wie sehr unsere Wirtschaft von fossilen Brennstoffen abhängt, ist seine Vorhersage wenig überraschend. Aber: Ganze Industrien, Unternehmen und Staaten könnten bankrottgehen oder sehr plötzlich immense Werte verlieren, wenn wir den Übergang bis zum Krisenzeitpunkt verschieben.

Wenn wir eine «plötzliche Notlage» zulassen, wird das alle Menschen betreffen. Staaten benötigen die Steuereinnahmen aus fossilen Brennstoffen zur Finanzierung von Sozialausgaben. Viele Rentenfonds investieren in fossile Brennstoffe, um ihre Leistungen erbringen zu können. Die systemische Natur der Finanzmärkte bedingt, dass ein plötzlicher Werteverfall rasch zahlreiche andere, scheinbar nicht in direkter Verbindung stehende Bereiche betrifft. Neben einer solchen «plötzlichen Notlage» würde die Finanzkrise von 2008 wie ein Spaziergang wirken.

Angesichts all dessen muss die dringende Abkehr von fossilen Brennstoffen maßvoll und geplant vonstattengehen und nicht infolge einer Panik. Im Jahr 2017 kamen die Zentralbankchefs zusammen, um das Network for Greening the Financial System (NGFS) zu gründen. Gemeinsam beobachtet man nun wachsam die möglichen Auswirkungen des Klimawandels auf die globale Währungsstabilität.[39]

Finanzstudien und Informationen darüber, wie Länder und Unternehmen in einer Zukunft wirtschaften werden, die sich grundlegend von der Vergangenheit unterscheidet, helfen Investoren in zunehmendem Maße, Risiken zu erfassen. Ein Beispiel: Die Rating-Agentur Moody's (eine der einflussreichsten Agenturen, die Risiken für Unternehmen und Länder beurteilt) verfügt inzwischen über die Mehrheitsbeteiligung bei RiskFirst, einer Firma, welche die materiellen Risiken des Klimawandels misst und bewertet.[40] Viele Investoren ziehen mittlerweile Kapital von sogenannten Stranded Assets ab. Diese Umverteilung bewegt zwar die Märkte und erregt die Aufmerksamkeit von Konzernchefs, aber sie muss viel schneller und viel weiter gehen.

MACHEN SIE SICH FÜR 100 PROZENT ERNEUERBARE ENERGIEN STARK. In den letzten Jahren hat die Energiegewinnung aus erneuerbaren Quellen einen beeindruckenden Aufschwung erlebt. Derzeit steuern wir auf einen Anteil am Energiebedarf von 30 Prozent im Jahre 2023 und 50 Prozent im Jahre 2050 zu.[41]

Konzerne übernehmen die Führung. Fast 200 Unternehmen, darunter bekannte Namen wie Apple, IKEA, die Bank of America, Danone, eBay, Google, Mars, Nike und Walmart, haben bei ihrem Stromverbrauch bereits auf 100 Prozent erneuerbare Energien umgestellt oder stehen knapp davor.[42] In Europa und Nordamerika befürworten 75 Prozent der Menschen staatliche Maßnahmen mit dem Ziel, bei der Stromerzeugung zu 100 Prozent auf erneuerbare Energie zu setzen.[43] Damit das unsere neue Realität wird, muss der Übergang zu erneuerbaren Energien von der politischen und institutionellen Führung auf systemischer Ebene vollzogen werden. Diese Führungsfiguren repräsentieren die Prioritäten der Menschen, die sie gewählt haben: Wählen wir also Politiker, die saubere Energie zum Programm machen.

Wenn diejenigen, die heute Macht und Einfluss genießen, als loyale Staatsdiener in Erinnerung bleiben wollen, die ihren Auftrag als Volksvertreter ernst genommen haben, dann müssen sie mit einer klareren Vision in die Zukunft blicken. Wir sollten mit unserer Wählerstimme nur diejenigen belohnen, die ein glaubhaftes Problembewusstsein an den Tag legen.

Das können wir mit einiger Zuversicht tun, da sich Solar- und Windkraft in einem Maße und einem Tempo entwickelt haben, das noch vor wenigen Jahren kaum jemand für möglich hielt. In den vergangenen zehn Jahren ist der Preis für Solarkollektoren um 90 Prozent gefallen, sodass erneuerbare Energie fast überall auf der Welt schon allein beim Preis mit Kohle und zunehmend auch mit Erdgas konkurrieren kann.[44] Ähnliches zeichnet sich sowohl für an Land als auch auf See gewonnene Windenergie ab. Bei den Speicherlösungen zur Gewährleistung einer gleichmäßigen Stromversorgung aus Sonnen- und Windenergie werden ebenfalls große Fortschritte in Richtung wirtschaftlicher Machbarkeit erzielt.

Angesichts sinkender Kosten entstehen neue, innovative Konzepte, wie die Energienetze der Zukunft funktionieren könnten. Diese werden wesentlich intelligenter und stärker miteinander verbunden sein.

MACHEN SIE SICH EINEN ZEITGEBUNDENEN, EHRGEIZIGEN PLAN. Uns bleiben zehn Jahre, um die globalen Treibhausgas-Emissionen zu halbieren, und danach noch maximal 20 Jahre, um sie auf null zu senken. Konzerne und Staaten haben hier eine große Führungsverantwortung, doch können wir alle unseren Teil beitragen, indem wir unsere persönlichen Emissionen reduzieren. Wenn wir klar denken und handeln, wo es notwendig ist, haben wir genug Zeit.[45] Zunächst müssen wir unser Augenmerk auf die erforderlichen 50 Prozent in den nächsten zehn Jahren richten. Das ist ein globaler Durchschnittswert, doch lässt sich diese Zahl folgendermaßen mitteln: Diejenigen, die wesentlich mehr verbraucht haben, als ihnen zustand, sollten ihre Emissionen um mehr als 50 Prozent reduzieren. Setzen wir uns also 60 Prozent als Zielmarke. Bekanntlich überschätzen wir Menschen häufig, was wir in einem Jahr leisten können, unterschätzen aber andererseits, was sich in zehn Jahren erreichen lässt.

Wie würde Ihr Leben aussehen, wenn Sie mindestens 60 Prozent weniger fossile Brennstoffe verbrauchten als heute? Die meisten unserer derzeitigen Emissionen stammen aus dem Flug- und Fahrzeugverkehr sowie aus der Heizung und Kühlung von Gebäuden. Die Hauptschuldigen sind in der Regel teure Dinge, auf die wir nicht einfach so verzichten können, etwa Autos, Boiler und Klimaanlagen. Hat man sich einmal ein Auto gekauft, will man es auch nutzen, und selbst, wenn man sich bemüht, seltener zu fahren, kann man dadurch nur begrenzt etwas erreichen. Erwägen Sie, innerhalb der kommenden zehn Jahre auf ein Elektromobil umzusteigen. Dank zunehmender Effizienz und Reichweite sowie Preisrückgängen und attraktiver Finanzierungsmodelle kommen elektrische Fahrzeuge für immer mehr Menschen konkret in Frage. Selbst bei Mittelklasse-Modellen beträgt die Reichweite heute bis zu 250 Kilometer, und es gibt viel mehr Ladestationen als je zuvor.[46] Andere ziehen vielleicht in Betracht, ganz aufs Auto zu verzichten, eine Möglichkeit, die zunehmend vorstellbar wird.

Was das Heizen und Kühlen Ihres Zuhauses angeht, sollten Sie anstreben, Strom aus erneuerbaren Quellen aus dem Netz zu beziehen und weiteren Strom selbst zu erzeugen. Die Dämmung zu verbessern und auf Elektroheizung umzustellen, scheint ein wenig viel auf einmal. Gehen Sie daher Schritt für Schritt vor. Beginnen Sie mit einer Energieprüfung Ihres Hauses, um Energielecks und Ineffizienzen zu erkennen. Das wird Ihnen helfen, die Investitionen für Ihre energetischen Verbesserungen zu priorisieren. Sie können die preiswerteren Verbesserungen als erste vornehmen und dann über mehrere Jahre weitere Investitionen planen, wenn etwa ein Warmwasserbereiter ohnehin ausgetauscht werden muss. Langfristig werden Sie Geld sparen und Emissionen reduzieren.

Wenn Sie in einem wohlhabenden Land leben, können Sie am meisten bewirken, wenn Sie weniger fliegen. Dass wir die Welt so wundervoll finden, wurzelt zum großen Teil darin, dass wir verschiedene Regionen bereisen, kulturellen Austausch betreiben und beeindruckende Orte besuchen können. Für diejenigen, die es sich leisten können, ist es ein unglaubliches Privileg, in einem Teil der Welt an Bord eines Flugzeuges zu gehen und zehn Stunden später auf der anderen Seite wieder auszusteigen. Wenn Sie Reiseabenteuer lieben, gerne auf Geschäftsreise sind oder Verwandte im Ausland besuchen, wird es Ihnen nicht leichtfallen, aufs Fliegen zu verzichten.

Nur sechs Prozent der Weltbevölkerung hat je ein Flugzeug von innen gesehen.[47] Wenn Sie dazugehören, obliegt es Ihnen, Haltung zu beweisen und einen Plan zu machen. Möglicherweise beschließen Sie, nie wieder Ihren Fuß in ein Flugzeug zu setzen, und wenn Sie das tun, beglückwünschen wir Sie und applaudieren. Tatsächlich aber mag das für Sie heute nicht möglich sein, doch können Sie trotzdem einen Beitrag leisten. Sie können auf touristische Flüge verzichten oder an Orte bis zu einer Entfernung von, sagen wir, 800 Kilometern von Ihrem Wohnort mit dem Zug fahren. Sie können auch die Anzahl Ihrer Flüge pro Jahr beschränken oder an Meetings per Videokonferenz teilnehmen – während der Corona-Pandemie dürfte das bereits zur Gewohnheit geworden sein.

Wie Sie es auch angehen – der Luftverkehr ist eines von mehreren entscheidenden Problemen, mit denen wir uns auf dem Weg zu einer 60-prozentigen Reduktion bis 2030 auseinandersetzen müssen. Doch braucht man weder vor dieser noch vor den anderen hier diskutierten Fragen Angst zu haben. Wenn die Menschen über solche Veränderungen ihres Lebensstils sprechen, beunruhigt sie das oft, und sie fürchten, dass man ihnen etwas Kostbares wegnehmen will. Jedoch ist gerade das Gegenteil der Fall. Wir mögen uns zwar gegen den Wandel stemmen, doch die Wahrheit ist, dass der rasche, übermäßige und rücksichtslose Ressourcenverbrauch in unserer verschwenderischen Wirtschaft die wenigsten Menschen glücklich macht.

Sich darauf zu konzentrieren, durchdachte Veränderungen herbeizuführen, um das zu bewahren, was wirklich wichtig ist, verbessert häufig auch die Lebensqualität, indem wir in unserem Tun einen Sinn erkennen. Versuchen Sie es einmal, und schauen Sie, was Sie finden.

... und die Erde wiederaufzuforsten!

6 Die von uns angestrebte Zukunft erfordert, dass wir stärker auf unseren Bund mit der Natur achten. Uralte Baumbestände, in denen das Leben pulsiert, sind von wesentlicher Bedeutung für unser Überleben. Eine zunehmend erschöpfte und überstrapazierte Erde immer mehr auszubeuten, ist eine Formel für unsere Selbstzerstörung. Wenn wir langfristig gut leben wollen, müssen wir den Sweetspot, den optimalen Bereich finden, die Natur gleichermaßen zu unserem und zu ihrem eigenen Vorteil regenerieren und ihr nur das entnehmen, was wir für unsere Lebenshaltung benötigen. Das zu erreichen, ist auch auf globaler Ebene noch möglich. Wir können die Generation sein, der es gelingt.

In einem selbsterhaltenden System schaffen Wälder die Bedingungen für Wälder. Sie geben Feuchtigkeit in die Luft ab, aus der Wolken und Regen entstehen und Wasser in alle Teile des Waldes zurückbringen. Im Erdboden erstrecken sich über tausende Kilometer riesige Myzelnetzwerke mikroskopisch kleiner Pilze zwischen den Bäumen, verbinden sie miteinander und liefern Nährstoffe. Neuer Boden bildet sich und schafft die reiche Grundlage für künftige Baumgenerationen. Dieses symbiotische Zusammenspiel macht einen Wald jedoch auch anfällig. Wenn wir große Teile davon vernichten oder so unterteilen, dass wir die unsichtbaren Netze trennen, kann das gesamte System kollabieren. Wir werden die großen Wälder dieser Erde auf dieselbe Weise verlieren, wie man einer alten Redensart zufolge bankrottgeht: erst ganz langsam und dann sehr schnell.

Seit Beginn des Ackerbaus hat der Mensch schätzungsweise drei Billionen Bäume gefällt, die Hälfte aller Bäume auf der Erde. Folglich ist die Hälfte des Landes auf unserem Planeten gegenüber seinem natürlichen Zustand stark degradiert worden. Allein im Jahre 2018 wurden zwölf Millionen Hektar Wald abgeholzt – das entspricht 30 Fußballfeldern pro Minute –, ein Drittel davon ursprünglicher Regenwald.[48] Wenn wir so weitermachen, werden wir innerhalb weniger Jahrzehnte alles vernichten, was von unseren Wäldern noch übrig ist. Selbst wenn wir dieses Schicksal noch abwenden, werden künftige Generationen verblüfft darüber sein, wie nahe wir ihm kamen und wie gedankenlos wir unsere Wälder beinahe opferten.

Praktisch die gesamte tropische Abholzung ist von der Nachfrage nach vier Rohstoffen getrieben: Rindfleisch, Soja, Palmöl und Holz. Für die Rinderhaltung wird doppelt so viel Wald abgeholzt wie für die anderen drei zusammen. Im Amazonasgebiet ist die Landgewinnung für Viehweiden unmittelbar für mehr als 80 Prozent der Waldzerstörung verantwortlich.[49] Auch ein großer Teil des angebauten Sojas wird an Hühner, Schweine und Rinder verfüttert. Diese Situation ist schlimm und verschlechtert sich weiter, da Brasilien bislang gültige Auflagen zum Waldschutz lockert,[50] und in China der Fleisch- und Milchkonsum drastisch ansteigt.[51]

Industrieller Ackerbau und Lebensmittelindustrie, denen profitable Produkte oft wichtiger sind als nahrhafte, sind zusammen ein fast genauso großer Klimatreiber wie die Fossilbrennstoffindustrie. Und ein großer Teil der produzierten Lebensmittel wird noch nicht einmal verzehrt, gelangt gar nicht zu den Menschen, die sie brauchen. Im Globalen Süden führt der Mangel an Straßen und Lagereinrichtungen dazu, dass Lebensmittel verrotten, bevor sie ihren eigentlichen Bestimmungsort erreichen. Und selbst wenn sie rechtzeitig eintreffen, können die potenziellen Verbraucher sie sich häufig nicht leisten. Im Globalen Norden hingegen lagern Lebensmittel oft bis lange nach ihrem Mindesthaltbarkeitsdatum in Kühlschränken oder Kühlkammern oder werden am Ende einer Mahlzeit auf dem Teller zurückgelassen und dann weggeworfen. Solche Verschwendung führt zu vermehrter Nahrungsmittelproduktion. Dabei ließe sich eine sichere Ernährung für alle gewährleisten. Renommierte Ökologen haben berechnet, dass wir durch selektive Verbesserungen der landwirtschaftlichen Produktivität, radikale Verminderung der Lebensmittelverschwendung und eine ohnehin von Gesundheitsexperten empfohlene Ernährungsumstellung die Welt adäquat ernähren könnten.[52] Und all das lässt sich bewerkstelligen, ohne auch nur einen weiteren Quadratzentimeter Natur zu vernichten.

PFLANZEN SIE BÄUME. Riesige Gebiete auf der ganzen Welt stehen für Wiederaufforstung und Baumpflanzung potenziell zur Verfügung. Eine Studie kam zu dem Ergebnis, dass 900 Millionen Hektar, etwa die Gesamtfläche der Vereinigten Staaten, für eine Wiederaufforstung geeignet wären, ohne menschliche Siedlungen oder die Landwirtschaft in irgendeiner Weise zu beeinträchtigen.[53] Wenn die neuen Wälder herangewachsen wären, würde dies nicht nur dem Erhalt der Artenvielfalt dienen und den Planeten schöner machen – sie könnten auch 205 Milliarden Tonnen Kohlenstoff aufnehmen und binden. Das entspricht einer Absorption von fast 70 Prozent der gesamten Kohlendioxidmenge, die seit der industriellen Revolution in die Atmosphäre gelangt ist.

Im Maßnahmenkatalog gegen den Klimawandel gibt es wenig, das so entscheidend, dringend und doch so einfach ist wie das Pflanzen von Bäumen. Diese uralte Methode der Kohlenstoff-Absorbierung kommt ohne High-Tech aus, ist vollkommen sicher und obendrein auch noch äußerst kostengünstig. Sie kehrt den Prozess, der zum Klimawandel geführt hat, buchstäblich um, indem Bäume (wie jede Biomasse) während des Wachstums CO_2 aus der Luft aufnehmen, Sauerstoff freisetzen und Kohlenstoff dorthin zurückbringen, wo er hingehört: in den Boden. Darüber hinaus bieten Bäume attraktive Grünflächen in Städten, senken die Umgebungstemperatur, können Nahrungsmittel produzieren und in ländlichen oder suburbanen Gegenden das Grundwasser stabilisieren.

Unglücklicherweise aber betrachten wir seit etwa fünf bis zehn Jahren das Pflanzen von Bäumen und die Wiederaufforstung als Strafe für unsere Sünde, Treibhausgase freigesetzt zu haben, oder, schlimmer noch, als angeblichen Vorteil, der die Realität der Emissionen verbirgt. Der Begriff der «Kompensation» hat in den Ohren mancher Umweltschützer mittlerweile einen schlechten Klang. Es ist an der Zeit, diesen Fehler zu korrigieren. Wir alle sollten einen Baum, zehn oder zwanzig Bäume pflanzen. Sehen Sie darin keine Kompensationsmaßnahme – es ist ein entscheidend wichtiger Beitrag, mit dem wir jetzt und hier etwas gegen den Klimawandel unternehmen können, ohne dass es dazu raffinierter Energietechnologien bedarf. Diese werden zwar entwickelt werden, doch selbst wenn wir uns darauf verlassen, müssen wir zum Erreichen der Netto-Null-Emissionen der Atmosphäre CO_2 entziehen.

Kurz: Allein durch das Pflanzen von Bäumen könnten wir die Klimaentwicklung um Jahrzehnte zurückdrehen.[54]

Massive Wiederaufforstung und Erneuerung bieten für die Menschen echte Vorzüge. In den 1990ern ähnelten riesige Landstriche in China zunehmend der Dust Bowl des amerikanischen Mittelwestens, doch gelang es China, diese rapide Degeneration aufzuhalten. Man führte Programme zur Wiederaufforstung von 100 Millionen Hektar Land ein und bezahlte die Bauern direkt für das Pflanzen von Bäumen. Das Programm läuft immer noch und ist höchst erfolgreich. Die Ergebnisse sind stabilere Niederschlagsmengen, fruchtbarere Böden und eine erhöhte Produktivität des Ackerlands.[55]

In Äthiopien, dessen Walddecke bis auf magere vier Prozent

der Staatsfläche reduziert worden war, wurden im Rahmen einer Rekord-Kampagne an 1000 Standorten im ganzen Land insgesamt 350 Millionen Bäume gepflanzt, die meisten davon an einem einzigen Tag.[56] Nicht alle werden überleben, die verbleibenden aber werden einen wichtigen Beitrag zum Klimaschutz leisten. Die Vorteile des Bäumepflanzens sind nicht auf ländliche oder landwirtschaftlich genutzte Gebiete begrenzt. In der Stadt können Bäume die Temperaturen um bis zu zehn Grad Celsius senken.[57] Das kann den signifikanten Hitzeanstieg ausgleichen, der die Städte in allen Klimaszenarien trifft, und da Städte in Indien bereits Maximaltemperaturen von bis zu 50 Grad erreichen, könnte es auch für Millionen von Menschen über Leben und Tod entscheiden. Darüber hinaus können Bäume die Luft in den Städten säubern, indem sie Feinstaub filtern und Schadstoffe absorbieren. Sie regulieren den Wasserhaushalt, puffern Hochwasser ab und erhöhen die Biodiversität. Ihre positive Wirkung lässt sich unter anderem daran ablesen, dass städtische Immobilien, die von Bäumen umgeben sind, im Durchschnitt 20 Prozent mehr wert sind als andere.[58] Wenn wir den notwendigen Wandel zu einem städtischen Leben vollziehen wollen, in dem die Natur sich wieder entfalten kann, müssen wir die Natur gezielt in die Städte holen und sie dort fest integrieren.

LASSEN SIE DER NATUR FREIEN LAUF. Der Begriff der *Renaturierung* wurde geprägt, um den wachsenden Trend zu beschreiben, Flächen wieder ihren natürlichen Prozessen zu überlassen. Die Renaturierung hat das Potenzial, den Kohlendioxid-Anteil in der Atmosphäre zu verändern und das Lebensnetz zu erhalten. Überall auf der Welt sind bereits zahllose große und kleine Renaturierungsinitiativen im Gang. Ein hervorragendes Beispiel ist das Knepp Wildland Project in West Sussex, England. Im Jahr 2001 erwarb das Projekt mehr als 1400 Hektar Land, das seit dem Zwei-

ten Weltkrieg intensiv landwirtschaftlich genutzt worden war. Der
Boden war schwer degradiert und seine Bewirtschaftung kaum
noch rentabel. Das Ethos des Knepp Wildland Project ist es, den
natürlichen Prozessen freien Lauf zu lassen, anstatt bestimmte
Ziele oder Ergebnisse anzustreben. Frei grasende Tiere – Rinder,
Ponys, Schweine und Wild – unterstützen die prozessgesteuerte
Renaturierung, da sie stellvertretend für Pflanzenfresser agieren,
die vor Tausenden von Jahren das Land beweideten. Ihre unter-
schiedlichen Präferenzen beim Grasen schaffen ein Mosaik verschiedener Habitate vom Gras- und Buschland bis hin zu frei-
stehenden Bäumen und Waldweiden. Diese freilaufenden Tiere
bedürfen nur minimaler menschlichen Intervention. Bei geringen
Kosten liefern sie langsam gewachsenes Bio-Fleisch aus Weidehal-
tung, dessen Markt stetig wächst. In nur etwas mehr als zehn Jahren verzeichnete das Knepp Wildland Project verblüffende Resultate bei der Artenvielfalt. Das Gebiet ist inzwischen ein wichtiger
Brutplatz für Schillerfalter, Turteltauben und zwei Prozent der
gesamten Nachtigallen-Population Großbritanniens.

STELLEN SIE UM AUF PFLANZEN. Wenn Sie weniger Fleisch
und Milchprodukte essen, wird Ihr CO_2-Fußabdruck kleiner, und
Sie tun etwas für Ihre Gesundheit. Weniger Fleisch und Milchprodukte zu verzehren, ist besser, gar keine am besten. Den meisten mag das als schwerer Verzicht erscheinen, doch historisch betrachtet haben die Menschen in aller Regel nur sehr wenig Fleisch
gegessen.[59] Viele Länder fördern bereits eine pflanzliche Ernährung. Selbst wenn Sie glauben, nicht ganz auf Fleisch und Milchprodukte verzichten zu können, lässt sich bereits eine Menge dadurch bewegen, dass Sie auf eine flexible Ernährung umstellen, in
der Sie zu bestimmten Mahlzeiten oder an bestimmten Wochen-
tagen pflanzliche Nahrung oder Nahrung auf pflanzlicher Basis zu
sich nehmen. In vielen Ländern bilden Menschen, die Vegetarier

oder Veganer werden wollen, eher eine Minderheit, doch würden immerhin 50 Prozent der US-Bevölkerung gerne *weniger* Fleisch essen. Fleischersatz auf pflanzlicher Basis wird bereits immer preisgünstiger, effizienter und schmackhafter. Man schätzt, dass solche Produkte anstelle der heutigen zehn bis 2040 etwa 60 Prozent des Marktvolumens ausmachen werden.[60] Werden Sie Teil einer Ernährungsrevolution und stellen Sie Ihre Essgewohnheiten auf mehr pflanzenbasierte Nahrung um.

BOYKOTTIEREN SIE PRODUKTE, DIE ZUR WALDVERNICH-TUNG BEITRAGEN. Zu viele Inhaltsstoffe in den Produkten, die wir tagtäglich konsumieren, stammen von abgeholztem Land. Im Jahr 2010 veröffentlichte Greenpeace ein Video, in dem ein Büroangestellter einen Kit-Kat-Schokoriegel öffnet. Der Riegel bestand jedoch nicht aus Schokolade, sondern aus Orang-Utan-Fingern. Als der Büroangestellte davon abbiss, ergoss sich Blut über seine Tastatur.[61]

Das Video traf einen Nerv und zeigte die Verbindung zwischen den Zutaten der Süßigkeit und der massenhaften Vernichtung der natürlichen Orang-Utan-Habitate auf. Bei Nestlé gingen mehr als 2000 E-Mails ein; vor dem Firmensitz wurde protestiert. Innerhalb von sechs Wochen stellte eines der größten Unternehmen der Welt seine Politik komplett um und verpflichtete sich zur ausschließlichen Verarbeitung von Palmöl, das nicht aus Abholzungsgebieten stammt.[62]

Man vergisst leicht, welche Macht wir besitzen, wenn wir nur beschließen, sie auszuüben. Wenn ein Unternehmen an zerstörerischer Landnutzung beteiligt ist, können wir dafür sorgen, dass dies überall bekannt wird. Sie können Ihr Nichteinverständnis dadurch erklären, dass Sie keine Produkte des Unternehmens mehr kaufen.

Wir sind nicht machtlos.

Investieren Sie in eine saubere Wirtschaft!

7 Ein lineares Wachstumsmodell belohnt Ausbeutung und Verschmutzung. Wir müssen dieses Modell zugunsten eines anderen aufgeben, das natürliche Systeme regeneriert. Wir fordern eine saubere Wirtschaft, die in Einklang mit der Natur operiert, genutzte Ressourcen nach Möglichkeit wiederverwertet, Müll minimiert und erschöpfte Ressourcen aktiv erneuert.

Dieses neue ökonomische Modell benötigt eine bessere Politik und starke Institutionen, damit die Marktkräfte – Investitionen und Unternehmertum – in Richtung Regeneration statt Ausbeutung wirken können. Finanz- und Investmentwirtschaft werden auch künftig eine große Rolle spielen. Durch erfolgreiche Institutionen wie Gesetze, Steuern und Wohlfahrt ist es uns zwar über die Jahrhunderte gelungen, den Kapitalismus einigermaßen im Zaum zu halten, doch haben wir seine Einhegung noch nicht perfektioniert. Jetzt ist es an der Zeit dafür.

Wir betrachten die Wirtschaft gewohnheitsmäßig als Hauptindikator dafür, was wir als Spezies leisten. Mehr Wirtschaftswachstum ist gut, weniger ist schlecht; ein negatives Wachstum, also eine Rezession, ist eine Katastrophe. Politiker sind bereit, alles zu tun, damit sich die Zahlen weiter nach oben bewegen, und die meisten betrachten dies als ihre Hauptaufgabe.

Maßstab für das Wirtschaftswachstum ist derzeit das BIP, das Bruttoinlandsprodukt, der Marktwert aller innerhalb eines Jahres produzierten Güter und Dienstleistungen. Die Vorstellung, ein endloses BIP-Wachstum wäre das Ziel zivilisierter Länder, ist tief in unserer Kultur verwurzelt und wird dadurch zum Selbstläufer. Medien, Politik, die Führungsetagen der Wirtschaft und andere nehmen ständig darauf Bezug wie auf eine zweite Natur.[63]

Das BIP ist jedoch ein schlechter Maßstab dafür, was menschliche Wesen für ein gutes Leben brauchen, da sich beim BIP alles nur ums Ausbeuten, Nutzen und Entsorgen von Ressourcen dreht. Als Maßstab für Erfolg taugt es ebenso wenig, da es weder die Auswirkungen von Umweltverschmutzung oder Ungleichheit berücksichtigt, noch den Wert von Gesundheit, Bildung oder gar Glück priorisiert. Maßnahmen zur Regeneration degenerierten Landes oder zur Erholung belasteter Meere werden ebenfalls nicht erfasst. Um das Ganze zu illustrieren: Wenn Sie jeden Tag Kaffee aus einem Einwegbecher trinken, wächst das BIP, doch die Wälder verschwinden, und die Emissionen nehmen zu. Wenn Sie Ihren Kaffee aus einem wiederverwendbaren Keramikbecher trinken, sinkt das BIP. Wenn Sie Ihren Keramikbecher jeden Tag wegwerfen und einen neuen kaufen, geht das BIP durch die Decke.

In der momentanen Übergangsphase kann ein streng lineares BIP-Wachstum nicht mehr die Priorität sein. Mehr Krempel bedeutet kein besseres Leben, sondern trägt vielmehr zu unserer existenziellen Krise bei. Wenn wir uns von der Quantität käuflicher Produkte als Maß aller Dinge abwenden wollen, müssen wir unser zugrundeliegendes Wertempfinden in Richtung Lebensqualität neu orientieren und dabei sämtliche Ökosysteme der Erde mitberücksichtigen.

Wachstum anhand der Ziele für nachhaltige Entwicklung (Sustainable Development Goals, SDGs) zu beurteilen, wäre ein guter Anfang. Diese 17 miteinander verbundenen Zielsetzungen sollen auf globaler Ebene der nachhaltigen Entwicklung von Wohlstand, Gleichheit und Lebensqualität dienen.[64]

SETZEN SIE IHR GELD SINNVOLL EIN. Das Kapital hat die Tendenz, in jene Investitionen zu fließen, die in der Vergangenheit funktioniert haben – als ob Zukunft und Vergangenheit einfach so miteinander vergleichbar wären. Das Kapital dieser Welt wird von extrem vorsichtigen Menschen verwaltet, die auf gute Erträge aus sind, und daher ist ihre oberste Priorität häufig, jedes Risiko eines Wertverlusts zu vermeiden. Technisch gesehen ist das natürlich richtig, aber es stellt uns vor ein Problem: Wir können die von uns gewollte Zukunft nicht ganz ohne Risiko schaffen.

Im Juni 2019 verabschiedete das norwegische Parlament ein Gesetz mit neuen Plänen für seine Staatsfonds (die größten der Welt, mit Vermögenswerten über mehr als eine Billion US-Dollar). Demnach sollen mehr als 13 Milliarden Anlagen in fossilen Brennstoffen abgestoßen und bis zu 20 Milliarden in erneuerbare Energien investiert werden, angefangen bei Wind- und Solarprojekten auf entwickelten Märkten.[65]

Sie können dabei helfen, ähnlich seismische Kapitalverschiebungen herbeizuführen. Im Jahr 2012 startete der Umweltaktivist Bill McKibben die Graswurzel-Kampagne 350.org, um Finanzinstitutionen dazu zu bewegen, nicht länger in Projekte und Unternehmen zu investieren, durch welche die Ursachen des Klimawandels verstärkt werden.[66] Sie wurde zu einer der erfolgreichsten Kampagnen der Geschichte. Finanzfirmen mit insgesamt mehr als acht Billionen Dollar in Vermögenswerten haben ihre Anlagen in fossilen Brennstoffen abgestoßen. Dadurch wurde Geld für klimafreundliche Lösungen frei und ein Warnsignal an all diejenigen ausgesendet, die immer noch an der Vergangenheit festhalten. Im Jahr 2016 führte Peabody, das größte Kohleunternehmen der Welt, die Desinvestition als einen Grund für seinen Bankrott an.[67] Shell hat sie als bedeutendes Risiko für seine geschäftliche Zukunft bezeichnet.[68]

Aus der Vergangenheit zu desinvestieren und in die Zukunft zu investieren, kann genau jetzt erfolgen. Ihr Geld hat die Macht, zu zerstören oder zu schaffen, und es ist nicht länger akzeptabel, diese

Tatsache zu ignorieren. Wenn Sie eine Altersvorsorge oder Ersparnisse haben, dann finden Sie bitte heraus, wie Ihr Geld angelegt ist. Unterschätzen Sie keinesfalls die Macht der Standardoption in Ihren Rentenversicherungen – wenn Sie für ein Unternehmen tätig sind, das eine betriebliche Altersversorgung hat, verlangen Sie, dass in den Anlagen fossile Brennstoffe nicht mehr berücksichtigt werden. Schreiben Sie an Ihre Vorsorgefonds-Verwalter und fragen Sie nach, ob diese Kapital aus der alten Ökonomie abziehen, oder wie sie das Verhalten von Unternehmen ändern wollen, in die sie investiert haben, um saubere Energien zu fördern. Fordern Sie Ihre Freunde und Kollegen auf, dasselbe zu tun.

Sobald zukunftsorientierten Unternehmen und Projekten größere Kapitalströme zufließen – und wir machen in dieser Hinsicht bereits gute Fortschritte –, wird ein Augenblick kommen, in dem unsere Bemühungen Früchte tragen und alles ein wenig leichter in die ökologische Richtung läuft. Wir sehen bereits, dass schmutzige, umweltfeindliche, unverantwortliche Anlagen schlechter abschneiden als die Alternativen. Unternehmen, die sich davor scheuen, die Zukunft des Planeten in ihre Kostenrechnungen einzubeziehen, erhalten zudem unangenehme Fragen von Kunden (fragen Sie weiter!) und Investoren und haben zunehmend Probleme, gescheite junge Mitarbeiter zu finden. Wenn wir den Druck aufrechterhalten, werden Kapital und Timing auf der Seite derjenigen sein, die die klimafreundliche Wirtschaft aufbauen.

Die Grundbausteine für eine regenerative Wirtschaft sind bereits überall auf der Welt gelegt – mit einigem Erfolg. Im Jahre 2019 verkündete die neuseeländische Premierministerin Jacinda Ardern, ihre Regierung werde bald ein «Lebensqualitäts-Budget» vorstellen, um die langfristigen Auswirkungen der Politik auf die Lebensqualität der Menschen zu vermessen. «Wir müssen die soziale Lebensqualität unserer Nation ins Auge fassen, nicht nur die wirtschaftliche», sagte sie. Diese Denkweise, so die Premierministerin, könne dabei helfen, kurzfristige Zyklen zu überwinden und zu lernen, Politik durch eine Linse von «Güte, Mitgefühl und Wohlbefinden» zu sehen.[69] Genau dazu sind wir aufgerufen, wenn wir Infrastrukturen und Systeme errichten wollen, die für uns von Vorteil sind, und jene stilllegen, die uns schaden.

Wirtschaftliches Wachstum kann enorme Vorteile bieten und hat mehr Menschen aus der Armut geholt als jedes andere Modell in der Geschichte. Doch die Zeiten, in denen alles danach bewertet wird, wie schnell wir etwas ausgraben und in Müll verwandeln können, sind vorüber – nicht aus ideologischen oder politischen Gründen, sondern, weil es inzwischen ums nackte Überleben geht. Die Minderung von Armut unter dem alten Modell könnte nur temporärer Natur sein, da unsere auf Kurzfristigkeit und BIP gründenden Strukturen höchstwahrscheinlich viele Menschen wieder in bittere Armut stürzen werden, wenn sich der Klimawandel weiter beschleunigt. Die gute Nachricht ist, dass die Ökonomen die Ziele für nachhaltige Entwicklung in zunehmendem Maße als vernünftig betrachten. Behalten wir diese Ziele im Auge, wird es absolut möglich, nachhaltiges Wachstum, Emissionsreduktionen und eine Verringerung der Armut zu erreichen – im Einklang miteinander in sich wechselseitig verstärkenden Systemen.

Im Jahr 1948 beschloss Christianas Vater, Präsident José Figueres Ferrer, in Costa Rica die Armee abzuschaffen. Stattdessen investierte er in Bildung und erweiterte die Waldflächen, die damals nur noch knapp 20 Prozent des Staatsgebiets ausmachten. Heute hat Costa Rica eine der niedrigsten Analphabetenquoten Lateinamerikas,[70] die Walddecke beträgt über 50 Prozent,[71] und der Strom des Landes wird fast ausschließlich aus erneuerbaren Energien gewonnen. Costa Rica misst seinen Fortschritt sowohl mit dem BIP als auch mit Indikatoren, die der Regierung helfen, Entscheidungen mit dem Ziel maximaler Lebensqualität zu treffen. Im Happy Planet Index belegte Costa Rica 2009, 2012 und 2018 den Spitzenplatz als glücklichstes Land der Erde.[72]

Nutzen Sie Technik verantwortungsvoll!

Die neuen, computergestützten Technologien haben enormes Potenzial, um Emissionsreduktionen herbeizuführen. Wir müssen sie möglichst schnell, aber auch mit Bedacht einführen und dürfen uns nicht darauf verlassen, dass sie allein Wunder bewirken werden. Da wir uns zunehmend daran gewöhnen, dass Maschinen ein Teil unseres Lebens sind, müssen wir Technik vernünftig nutzen, uns ihrer Macht und ihres Einflusses bewusst bleiben und sicherstellen, dass entsprechende Kontrollmechanismen installiert werden.

Falls wir die Klimakrise überstehen und eine intakte Menschheit und einen intakten Planeten sichern können, dann hauptsächlich deshalb, weil wir den richtigen Umgang mit der Technik gelernt haben werden. Künstliche Intelligenz (KI), gestützt von Sensoren (zur Datengewinnung) und Robotik (zur Automatisierung physischer Aktivität), sowie das «Internet der Dinge» (das Netzwerk «smarter» Geräte) haben das Potenzial, unsere wichtigsten Verbündeten im Überlebenskampf zu werden.[73] Doch könnten dieselben Technologien auch eine bessere Zukunft zunichtemachen. Autonom fahrende Elektromobile etwa können den Bedarf an unnötigen Privatfahrzeugen senken, andererseits aber auch skrupellose Regierungen befähigen, die Bewegungen jedes Einzelnen nachzuvollziehen und zu kontrollieren.

Ein Feuer, das in einer kalten Nacht wärmt, ist gut; eines, durch welches das Haus abbrennt, ist schlecht. Genauso verhält es sich mit der Technik: Diese ist grundsätzlich weder gut noch schlecht. Man muss richtig mit ihr umgehen.

Viele der heute lebenden Menschen werden irgendwann einer Maschine begegnen, die in fast allen Belangen schlauer ist als sie selbst. Einen kleinen Vorgeschmack darauf, wie so etwas aussehen könnte, bekam die Welt im Jahr 2017: Das KI-Programm AlphaGo Zero analysierte, wie man das uralte und berüchtigt komplexe chinesische Strategiespiel Go gewinnt. Es lernte vollkommen selbstständig, indem es mehrere Jahrtausende menschlichen Wissens zusammentrug und dann darauf aufbaute – in nur 40 Tagen.[74]

In Verlautbarungen des Entwicklerunternehmens Deep Mind heißt es, AlphaGo Zero sei nicht auf Maschinen beschränkt, die Menschen bei Strategiespielen schlagen, sondern dafür konzipiert, neue Technologien anzuregen, die eine positive gesellschaftliche Wirkung entfalten.[75] Freilich können wir uns nicht auf die Versprechen von Unternehmen verlassen, wenn wir sicherstellen wollen, dass eine Technologie mit unseren Zielen in Einklang steht: der Regeneration der Natur und der Schaffung von Bedingungen, unter denen sich die Menschheit möglichst gut entwickeln kann.

Alle Maschinen lernen schnell, nur können wir nicht genau vorhersagen, wofür sie letztendlich eingesetzt werden. Maschinen könnten besser darin werden, die restlichen Ressourcen unseres Planeten auszubeuten und sie für diejenigen zu horten, die die Technik kontrollieren – weshalb der Schutz gegen den Missbrauch künstlicher Intelligenz von Anfang an ein elementarer Bestandteil politischer und technologischer Kontrollsysteme sein muss.

Politiker und Topmanager, die nicht gewillt sind, das angesichts der Klimakrise Notwendige zu unternehmen, haben künftige Technologien schon oft als Lösung aller Probleme gepriesen. Doch wenn wir uns vom Potenzial künftiger Technologien so blenden lassen, dass wir Ausmaß und Dringlichkeit dessen nicht mehr sehen, was heute zu tun ist, gehen wir ein heilloses Risiko ein. Zum einen könnten Erfindungen zu spät gemacht werden, zum anderen fügt sich eine neue Technologie nur dann in eine Gesellschaft ein, wenn sich diese bereits in die richtige Richtung bewegt. Innovationsglaube ist keine Entschuldigung für fehlende Pläne.

Natürlich brauchen wir die Technik, um die Klimakatastrophe abzuwenden, doch birgt die Technik auch das Potenzial, das ohnehin bereits riesige Wohlstandsgefälle innerhalb unserer Gesellschaften zu verstärken. In einer Welt, in der 70 Prozent der Bevölkerung mit einem Anteil von nur 2,5 Prozent am globalen Wohlstand überleben müssen,[76] könnte eine zunehmende Automatisierung Ungleichheit und soziale Instabilität verstärken und die Suche nach Lösungen für komplexe Probleme wie den Klimawandel erschweren.

Trotz allen Geredes in gewissen politischen Kreisen, dass Migranten einheimischen Bürgern die Jobs streitig machten, ist es vorrangig die Automatisierung, die weltweit neue Arbeitslosigkeit begründet.[77] In den kommenden Jahrzehnten wird sich dieses Problem noch verschlimmern.

In ähnlicher Weise wird der Rückgang des Fleischkonsums, an dessen Stelle nach und nach pflanzliche und im Labor gewonnene Alternativen treten, die Ökonomien ganzer Staaten verändern. In Brasilien arbeiten mehr als 20 Millionen Menschen in der Agrarindustrie.[78] Bis zu zwei Drittel davon züchten entweder selbst Rinder oder bauen Soja als Viehfutter an. Um auf eine nachhaltigere Landwirtschaft umzusteigen, könnten sie das Land für die Produktion von Biotreibstoffen umnutzen, vorausgesetzt, dass hier in naher Zukunft der Bedarf steigt. Der Wechsel vom Rindfleisch zu modernen Biotreibstoffen wird enorme ökologische Vorteile bringen, doch wenn der Übergang unkontrolliert und ohne alternative Ausbildungs- und Jobangebote vollzogen wird, könnte die plötzliche millionenfache Arbeitslosigkeit zu großem menschlichem Elend führen und extremistischen Politikern neuen Zulauf bescheren. Selbst wenn wir alle nötigen Technologien entwickeln, um dem Klimawandel zu begegnen, könnten die Menschen dennoch so stark durch den Übergang betroffen sein, dass sie Führer wählen, die sich populistischen Impulsen anbiedern und unser Augenmerk von dem schmalen Tor in eine regenerative Zukunft ablenken.

Bei gutem Management können Maschinen hingegen dafür sorgen, dass wir noch rechtzeitig imstande sind, etwas gegen die Klimakrise zu unternehmen. In fast jedem Sektor, in dem zur Erreichung einer regenerativen Zukunft große Durchbrüche erforderlich sind, wird maschinelles Lernen eine enorme Hilfe sein. Ein Beispiel: Zu den Hauptproblemen bei der sicheren Verfügbarmachung großer Mengen erneuerbarer Energie in Stromnetzen gehört die unterbrochene Stromproduktion – wenn keine Sonne scheint oder der Wind nicht weht, kann keine Elektrizität erzeugt werden. Dank KI-Algorithmen ist es inzwischen aber möglich, unsere zentralisierten Energienetze komplett umzugestalten. KI-gesteuerte Energienetze können wesentlich dezentralisierter sein, wie neurale Netzwerke agieren und dynamisch vorhersagen, wie viel Strom wann wo gebraucht wird. KI-gesteuerte Netze würden «intuitiv» Versorgung und Bedarf aufzeichnen und Speicherung und Verbrauch so flexibel handhaben, dass größere Mengen erneuerbarer Energie produziert werden können. Der Verbrauch von Gas und Kohle ließe sich so reduzieren, vielleicht sogar auf null.[79]

Auch in vielen anderen Bereichen beschleunigt künstliche Intelligenz unsere Bemühungen um Entkarbonisierung: Maschinelles Lernen wird eingesetzt, um das Leckschlagen von Methan-Pipelines zu verhindern, die Entwicklung von Solartreibstoffen voranzutreiben (synthetische, chemische Treibstoffe, die direkt oder indirekt mit Sonnenenergie hergestellt werden), Batteriespeicherkapazitäten zu verbessern, Fracht- und Personenverkehr effizienter zu gestalten, den Energieverbrauch in Gebäuden zu senken, mithilfe von Drohnen Wälder zu pflanzen und bei vielem mehr.[80] Darüber hinaus gibt es vielversprechende Anzeichen dafür, dass künstliche Intelligenz uns helfen könnte, Extremwetterlagen vorherzusagen und sogar Treibhausgase direkt aus der Luft zu beseitigen.

Das Pariser Abkommen zu erreichen, war nicht gerade einfach, doch eine globale Einigung auf eine kollektiv verbindliche Handhabung künstlicher Intelligenz könnte eine noch größere Herausforderung darstellen. Im Augenblick konkurrieren viele Länder um eine Vorreiterrolle auf diesem neuen Feld. Dabei zählen vor allem Wissen, Kapazitäten und entsprechende Rahmenbedingungen. Verschiedene Bevölkerungen haben zudem verschiedene Haltungen, was das akzeptable Maß künstlicher Intelligenz in ihrem Leben betrifft. Die Menschen in Nigeria oder der Türkei etwa fänden es gut, wenn wichtige medizinische Operationen von KI-Systemen durchgeführt würden, die Deutschen und die Belgier hingegen überhaupt nicht.[81] Die Staaten stehen daher in unterschiedlichem Maße unter Druck, brauchbare Richtlinien im Umgang mit KI zu erarbeiten, und als Resultat dessen sind einige sehr lax und andere sehr streng.[82]

So verständlich das auch sein mag, es ist nicht ausreichend, um etwas so Wichtigem wie der Klimakrise zu begegnen. Die Initiative der französischen und der kanadischen Regierungen, einen Internationalen Rat für Künstliche Intelligenz ins Leben zu rufen, ist daher ein guter Anfang.[83]

FINDEN SIE HERAUS, OB IHRE REGIERUNG, IHRE ÖRTLICHE GEMEINDEVERWALTUNG ODER DAS UNTERNEHMEN, FÜR DAS SIE ARBEITEN, KÜNSTLICHE INTELLIGENZ NUTZT UND WOFÜR SIE DIESE NUTZT. Drängen Sie im Rahmen Ihrer Möglichkeiten darauf, sich mit den bereits laufenden internationalen Anstrengungen zu befassen und die eigene Politik so auszurichten, dass die Nutzung künstlicher Intelligenz die Entwicklung hin zu einer regenerativen Zukunft fördert und unsere diesbezüglichen Erfolgschancen nicht schmälert.

In wenigen Jahrzehnten könnten mehr als neun, vielleicht sogar mehr als zehn Milliarden Menschen den Planeten bevölkern. Wenn wir die heutigen Emissionen pro Kopf in die Atmosphäre beibehalten, wird es nicht möglich sein, dass so viele Menschen hier leben. Die moderne Technik, insbesondere maschinelles Lernen und KI, besitzt jedoch das Potenzial, unsere Präsenz auf der Erde zu verändern. Fragen und Probleme, die uns lange verschlossen waren, könnten endlich gelöst werden, etwa, wie wir natürliche Ressourcen zirkular statt linear und somit effizienter nutzen.

Als AlphaGo Zero lernte, wie man Go spielt und gewinnt, stellten die Entwickler fest, dass das Programm sich selbst Techniken beibrachte, die professionelle Spieler über Generationen entwickelt hatten. Gelegentlich beschloss es auch, diese Techniken zugunsten neuer und besserer Strategien aufzugeben, die bislang noch kein Mensch ersonnen und erlernt hatte. In einem Wettlauf gegen die Zeit bietet das KI-Lerntempo das außergewöhnliche, ja, exponentielle Potenzial, Klimalösungen zu beschleunigen, sofern es richtig eingesetzt und kontrolliert wird.

Eine beeindruckende und nachdenklich stimmende Geschichte, wie so etwas vonstattengehen könnte, ereignete sich 2016 in den Datenzentren von Google. Mehr als zehn Jahre lang hatten die Google-Techniker bei der Optimierung ihrer Datensysteme stets die Speerspitze ihrer Zunft gebildet. Ihre Server zählten zu den effizientesten der Welt, und es schien, dass von nun an nur noch marginale Verbesserungen möglich seien. Dann ließen sie Deep-Mind-Algorithmen auf ihr System los, und der Energiebedarf für die Kühlung wurde dauerhaft um 40 Prozent reduziert.[84] Dies ist nur ein kleines Beispiel für die Macht künstlicher Intelligenz, das möglich zu machen, was dem menschlichen Geist unmöglich erscheint.

Im Augenblick sind die Investitionen in künstliche Intelligenz zur Bewältigung der Klimakrise geringer, als sie sein sollten. In der Zukunft aber werden Staaten und Unternehmen auf der ganzen Welt die verantwortungsvolle Anwendung von KI fördern und rasch in ihre Kapazitäten investieren müssen, um nennenswerte Durchbrüche bei der Emissionsreduzierung zu erzielen. In diesem Szenario ist die Technik möglicherweise unser wichtigster Verbündeter auf dem Weg in eine bessere Zukunft.

Schaffen Sie Geschlechtergleichheit!

9 Wir müssen sicherstellen, dass auf allen gesellschaftlichen Ebenen Frauen in zunehmendem Maße an Entscheidungen beteiligt sind, denn wenn Frauen führen, geschieht Gutes. Das ist zumindest die einstimmige Schlussfolgerung jahrelanger Studien. Frauen haben oft einen Führungsstil, der offener und empfänglicher für eine große Bandbreite verschiedener Sichtweisen ist, sie arbeiten besser im Team und mit einer längerfristigen Perspektive. Diese Eigenschaften sind unverzichtbar, um der Klimakrise zu begegnen.[85] Wir wissen das, weil es bereits die ersten Beweise dafür gibt. Unternehmen, Staaten, Nichtregierungsorganisationen und Finanzinstitute richten sich stärker an der Klimaproblematik aus, sobald der Frauenanteil auf Entscheidungsebene deutlich steigt.[86] Unsere Gesellschaft dahingehend neu zu gestalten, dass Frauen wenigstens eine gleichgeordnete Rolle bei Entscheidungsfindungen auf allen Ebenen spielen (Familie, Gemeinde, Beruf, Staat), ist jetzt überlebenswichtig.

In vielen Ländern gilt die Diskriminierung auf der Basis des Geschlechts als überwunden. Studien zeigen jedoch, dass sämtliche Branchen immer noch die Tendenz aufweisen, männliche Leistung überzubewerten und weibliche zu unterschätzen. Frauen sind sich dieser Diskrepanz bewusst, Männer hingegen tun sie ab. Die große Mehrheit von Führungsvorbildern bleibt männlich: Man betrachte nur ein Foto der G20-Staatschefs aus einem beliebigen Jahr. Das viel diskutierte Einkommensgefälle (Frauen erhalten für dieselbe Arbeit 20 Prozent weniger) ist ein weiterer Ausdruck der Ungleichheit und zeigt, dass viele Sichtweisen weiterhin subjektiv und diskriminierend sind.[87]

Bevor wir uns daranmachen können, das Ungleichgewicht bei Macht- und Entscheidungsbefugnissen zu korrigieren, müssen wir anerkennen, dass es existiert, wobei es oft, aber nicht immer auf einer strukturellen, unbewussten Voreingenommenheit gründet. Dies ist etwas, das von vielen Menschen nach wie vor übersehen wird.

Nichtsdestoweniger haben viele Frauen den besonderen Ernst unserer Situation im Rahmen des Klimawandels erkannt. Unerschrockene Führungsfiguren wie Natalie Isaacs, Isra Hirsi, Nakabuye Flavia, Greta Thunberg und Penelope Lea haben Millionen junger Menschen mobilisiert, die ein sofortiges Handeln gegen die Klimakrise verlangen und für ihre Forderungen auch selbst praktisch eintreten. Frauen stehen an vorderster Front gemeinsamer Anstrengungen zur gegenseitigen Hilfe im Angesicht der Klimakrise. In vielen Ländern bewirkt das tiefe Wissen der Frauen über die Natur, dass sie Umweltveränderungen früher wahrnehmen, aus ihnen lernen und aus schierer Notwendigkeit neue Wege finden, sich anzupassen. Frauen sind innerhalb ihrer Gemeinschaften Pionierinnen innovativer Klimalösungen, sie sind von Natur aus gute Zuhörerinnen, empathisch und gut im Sammeln von Allgemeinwissen, insbesondere in Zeiten des Wandels. Diese Eigenschaften waren noch nie so wichtig oder notwendig wie heute.

Eine Welt, in der Geschlechtergleichheit herrschte, würde sich von unserer heutigen unterscheiden. Einige nehmen offenbar an, sie würde genauso aussehen, nur eben mit einer zugunsten der Frauen veränderten Machtverteilung. Abgesehen von ihrer moralischen Richtigkeit ist das Interessante an der Geschlechtergleichheit jedoch, dass sie für die gesamte Menschheit die Chance birgt, gemeinsam eine regenerative Welt zu schaffen, in der wir alle gut leben können.

Staaten, in denen mehr Frauen in Machtpositionen sind, haben einen geringeren Klima-Fußabdruck. Unternehmen mit Frauen im Aufsichtsrat investieren viel häufiger in erneuerbare Energien und entwickeln häufiger Produkte, die zur Lösung der Klimakrise beitragen. Weibliche Abgeordnete votieren fast doppelt so häufig für Umweltschutzmaßnahmen wie Männer, und Frauen an der Spitze von Investment-Firmen treffen ihre Entscheidungen doppelt so häufig auf Grundlage der Frage, wie Unternehmen mit ihren Angestellten und der Umwelt umgehen.[88]

Es ist unerlässlich, dass Frauen weltweit Zugang zu Bildung erhalten. Gebildete Frauen können arbeiten, wirtschaftlich produktiver sein und der Gesellschaft helfen, bessere Entscheidungen zu treffen. Ausschlaggebend ist, dass Bildung Frauen zu Eigenständigkeit und Selbstbestimmung befähigt, gerade auch bei der Frage, ob und wann sie schwanger werden wollen. Wenn Mädchen die Schule genauso lange wie Jungen besuchen, ist es wahrscheinlich, dass sie nicht gar so jung heiraten und auch nicht gar so viele Kinder bekommen. Nach Angaben der Brookings Institution bekommen Mädchen, die eine zwölfjährige Schulbildung genossen haben, in ihrem Leben bis zu fünf Kinder weniger als Mädchen ohne jegliche Bildung.[89]

In unserer heutigen Welt wird 130 Millionen Mädchen das Recht auf Schulbildung verweigert. Dieser Umstand verurteilt eine große Anzahl von Frauen zu ständigen Schwangerschaften, mit der Folge, dass immer mehr Kinder in jenen Teilen der Welt aufwachsen, wo sie kaum das Nötigste zum Leben vorfinden. Nach diesen Berechnungen würde eine 100-prozentige Einschulung von Mädchen die erwartete Weltbevölkerung im Jahre 2050 um 843 Millionen Menschen senken,[90] ein wahrer Segen im Kampf gegen die Klimakrise.

Wenn Sie eine Frau sind, ist es jetzt an der Zeit, die Kandidatur für ein öffentliches Amt in Betracht zu ziehen oder energischer auf eine überfällige Beförderung an Ihrem Arbeitsplatz zu pochen. Falls Sie ein Mann sind, ist es jetzt an der Zeit, Ihre weiblichen

Kollegen, Partner, Freunde und Verwandten zu unterstützen und zu ermutigen.

Frauen fühlen sich oft stärker, wenn sie sich einer breiteren Bewegung oder einer Gruppe von Menschen mit gemeinsamen Zielen anschließen. Ein gutes Beispiel dafür ist die Bewegung Brand New Congress in den Vereinigten Staaten, die 2018 eine signifikante Rolle dabei spielte, dass in den Vorwahlen eine Rekordzahl von Frauen gewählt wurde.[91] Eine Kandidatin wie Alexandria Ocasio-Cortez – inzwischen eine einflussreiche Führungspersönlichkeit in Sachen Klimaschutz – erfüllt die Tatsache mit großer Zuversicht, dass sie Schulter an Schulter mit anderen Frauen stand.[92]

Wenn wir mehr Frauen an den Entscheidungen darüber beteiligen, wie wir die Klimakrise in den Griff bekommen, wird uns genau dies besser gelingen. Es ist an der Zeit, entweder eine dieser Entscheidungsträgerinnen zu werden, oder Frauen zu unterstützen, von denen Sie wissen, dass sie eine werden könnten.

In der entlegenen, sonnenverbrannten Wüste des westlichsten indischen Bundesstaats Gujarat nutzen Frauen erneuerbare Energie und verbessern ihre Lebensqualität durch kollektives Handeln. Gujarat, wo fast 76 Prozent des gesamten Salzes in Indien gewonnen werden, ist zu weiten Teilen bis heute nicht ans Stromnetz angeschlossen. Jahrzehntelang nutzten mehr als 40 000 Salzsiederfamilien (dort «Agariyas» genannt) daher Dieselpumpen – und gaben nicht selten mehr als 40 Prozent ihres Jahreseinkommens für die Produktion einer einzigen Saison aus. Nun ändert sich das alles. Unter der visionären Führung und mit Unterstützung von Reemaben Nanavaty, der in Gujarat geborenen Direktorin der Self Employed Women's Association (SEWA) – der mit zwei Millionen Mitgliedern weltweit größten Gewerkschaft für informelle Arbeiter – wechseln die Agariyas zur Solarenergie. Die ersten tausend

Frauen, die diesen Wandel vollzogen, profitierten mit einer Verdopplung ihres Einkommens – was ihnen größere finanzielle und soziale Unabhängigkeit bescherte und es ihnen ermöglichte, ihre Kinder auf die Mittel- und Oberschule zu schicken. Wenn alle 15 000 SEWA-Mitglieder, die an den Salzpfannen arbeiten, an dem Projekt teilnehmen, wird die Emission von 115 000 Tonnen Kohlendioxid vermieden, was in etwa den Abgasen von annähernd 25 000 Autos entspricht.[93]

Solar Sister, ein in Nigeria und Tansania aktives Sozialunternehmen, wirbt Frauen an und bildet sie dafür aus, preisgünstige, aus erneuerbaren Energiequellen gespeiste Produkte wie Solarlampen und saubere Küchenherde zu verkaufen. Abholzung und Klimawandel haben zur Folge, dass Frauen nun oft weiter gehen müssen als bisher, um Wasser zu schöpfen oder Feuerholz zum Kochen zu suchen. Wenn sie nicht genügend Wasser oder Feuerholz finden, sind sie einem erhöhten Risiko häuslicher Gewalt ausgesetzt. Die erhöhte Arbeitsbelastung bedeutet auch, dass ihnen weniger Zeit für Bildung oder einkommensrelevante Aktivitäten bleibt. Die von Solar Sister ausgebildeten 4000 Frauen sind mittlerweile Unternehmerinnen, die 1,6 Millionen Menschen in Afrika mit umweltfreundlicher Energie versorgen und den Druck auf die Frauen dadurch etwas gemindert haben.[94]

Dies sind nur zwei Beispiele, wie Frauen ihr eigenes Leben, ihre Lebensumstände und die ihrer Schwestern verbessern können, wenn man ihnen die Ressourcen und die Freiheit gewährt, die sie dazu benötigen.

Das Potenzial ist global.

Engagieren Sie sich politisch!

10 Schließlich kommen wir zu dem Punkt, den wir letztendlich für den wichtigsten halten. Die Demokratie ist durch die Klimakrise bedroht und muss sich dieser Herausforderung stellen. Um ihr dabei zu helfen, müssen wir alle aktiv an ihr partizipieren. Der Übergang zu einer regenerativen Welt ist nur möglich, wenn wir stabile politische Systeme haben, welche auf die sich verändernden Bedürfnisse unseres Planeten und auf die sich verändernden Wünsche ihrer Bürger flexibel reagieren können. Da der Klimawandel die politische Sicherheit selbst bedroht,[95] ist Stabilität sowohl eine unverzichtbare Bedingung für diesen Übergang als auch ein sichtbares Zeichen seiner erfolgreichen Bewältigung.

Wenn der Schutz der Menschen die oberste Pflicht eines Staates ist, dann versagt die Demokratieform, an die wir uns in großen Teilen der Welt gewöhnt haben. Der Klimawandel stellt eine existenzielle Bedrohung dar und wird sich vermutlich rascher intensivieren, als den meisten Menschen heute bewusst ist. Wenn wir unsere politischen Systeme vor dieser existenziellen Bedrohung nicht schützen können, werden sie früher oder später anderen Systemen weichen. Es kann jedoch lange dauern, bis solche Folgesysteme entstehen, die im Übrigen auch nicht unbedingt besser geeignet sein müssen, uns innerhalb der verfügbaren Zeit einer regenerativen Zukunft näher zu bringen.

In vielen Ländern haben heutzutage Konzerninteressen die Demokratie fest im Griff. Wie im Falle der Tabakindustrie hat eine relativ kleine Anzahl von Unternehmen eine relativ begrenzte Summe Geld dafür eingesetzt, sich bei der Gesetzgebung außerordentlichen Einfluss zu erkaufen, und somit die gewählten Volksvertreter daran gehindert, das Volk zu schützen. Dies geschieht oft über Wirtschaftsverbände, die Lobbyarbeit im Sinne der Unternehmen betreiben, welche häufig nicht direkt aktiv werden.[96] Dies ist zu einem großen Problem geworden. In den Vereinigten Staaten etwa gewann die National Association of Manufacturers (NAM) 2016 eine lange währende Schlacht um das Inkrafttreten des Clean Power Plan. Im Jahre 2017 unterstützte die NAM den amerikanischen Ausstieg aus dem Pariser Abkommen. Unternehmen wie Microsoft, Procter & Gamble, Corning und Intel sind zwar allesamt Mitglieder der NAM, behaupten von sich jedoch, die starken Klimaschutzmaßnahmen des Pariser Abkommens zu unterstützen.[97]

Auf nationaler Ebene beeinflussen Wahlverhalten (oder Nichtverhalten) und Wahlabsicht größere globale Schritte. Im Laufe der letzten 20 Jahre ist der Klimawandel im Ranking der Wählerprioritäten stetig nach oben geklettert.[98] Das ist zwar eine positive Entwicklung, doch hat dabei kein signifikanter Wähleranteil das Klima tatsächlich als oberste Priorität betrachtet. Das ist ein ernstes Problem. In den Vereinigten Staaten bleibt neuen Präsidenten nur ein relativ kleines Zeitfenster, um große Dinge zu bewerkstelligen. Als er das Amt übernahm, war Barack Obama etwa fest entschlossen, entschieden gegen den Klimawandel vorzugehen, und er hatte in beiden Häusern des Kongresses eine Mehrheit. Er hätte sich dazu entschließen können, eine ambitionierte Klima-Gesetzgebung zu priorisieren und hätte sie vermutlich sogar durchgesetzt. Stattdessen widmete er sich aber zunächst der Reform des Gesundheitswesens – ein anderes Wahlversprechen und eine innenpolitische Priorität. Die Verabschiedung von «Obama Care» kostete den neuen Präsidenten einen großen Teil seines politischen Kapitals und entfachte seitens der Republikanischen Partei erbitterten Widerstand gegen seine weiteren Pläne, was so weit ging, dass jeder seiner Vorschläge blockiert wurde. Folglich konnte er seine politische Aufmerksamkeit erst während seiner zweiten Amtszeit dem Klimawandel zuwenden. Doch selbst dann kam er nur voran, indem er seine exekutive Macht nutzte, nicht durch Gesetzgebung.

Statt darauf zu warten, bis alles noch schlimmer wird, müssen wir uns auf allen Ebenen der Politik aktiv engagieren. Dies müssen wir als eine unserer dringlichsten Verpflichtungen betrachten, und wir müssen sämtliche Politiker zur Verantwortung ziehen. Wir dürfen nur diejenigen Führungsfiguren wählen, die weitreichende Klimamaßnahmen als absolut oberste Priorität betrachten und bereit sind, vom Tag der Amtsübernahme an zu handeln. Viele, viele Menschen müssen bei ihrem *Wahlverhalten* die *Klimapolitik* zum obersten Kriterium machen. Da wir uns in einer ernsten Notlage befinden, müssen wir von denjenigen, die ein hohes Amt bekleiden möchten, unnachgiebig Lösungsansätze fordern, die der Dimension des Problems angemessen sind. Die politische Diskussion muss auf Grundlage wissenschaftlicher Erkenntnisse stattfinden.

Es ist an der Zeit, sich gewaltfreien politischen Bewegungen anzuschließen, wo immer dies möglich ist.

Im April 2019 ergriff die Gruppe Extinction Rebellion, die auf die jahrelange Arbeit zahlreicher gemeinnütziger Organisationen, einiger Politiker und anderer Aktivisten aufbaut, die Gelegenheit des Augenblicks und lancierte eine Reihe weltweiter Protestaktionen. Die erste war eine zehntägige, gewaltfreie Blockade der Londoner Innenstadt. Tausende von Neu-Aktivisten, Menschen, die noch nie in ihrem Leben auf die Straße gegangen waren oder eine Petition unterschrieben hatten, blockierten Straßen, bildeten Menschenketten und pflanzten Bäume auf der Waterloo Bridge. Innerhalb von zwei Monaten nach dieser ersten Demonstration erklärte Großbritannien den Klimanotstand, setzte sich das Ziel von Netto-

Null-Emissionen bis 2050 (weniger ambitioniert als die Forderungen von Extinction Rebellion, aber dennoch ein großer Schritt) und richtete eine Bürgerversammlung ein, um einen Weg zu finden, wie dies zu erreichen sei.[99] Ziviler Ungehorsam kann mehr bewirken als das Bemühen politischer Eliten und einen radikalen Wandel schneller herbeiführen. Das ist kein Einzelfall; so treten Veränderungen typischerweise dann ein, wenn die Ungerechtigkeit innerhalb des herrschenden Systems zu groß wird.

Ziviler Ungehorsam ist nicht nur eine moralische Frage, sondern auch das machtvollste Instrument zur Gestaltung der Weltpolitik.[100] Historisch betrachtet bedurfte es für politische Systemwechsel stets zivilen Ungehorsams signifikanten Ausmaßes. Wenige solcher Veränderungen fanden ohne ihn statt. Die erforderliche Größenordnung erscheint riesig, aber sie zu erreichen ist kein Ding der Unmöglichkeit. Die Geschichte zeigt Folgendes: Wenn ungefähr 3,5 Prozent der Bevölkerung an gewaltlosen Protesten teilnimmt, wird ein Erfolg unaufhaltsam.[101] Wurde diese Schwelle der Beteiligung einmal überschritten, hat gewaltloser Protest noch nie seine Ziele verfehlt. In Großbritannien wären das 2,3 Millionen Menschen, in den Vereinigten Staaten etwas über 11 Millionen, in der Europäischen Union knapp 16 Millionen.

Diese Zahlen sind inzwischen durchaus erreichbar.

Die bemerkenswerte öffentliche Wirkung von Greta Thunberg und der Bewegung Fridays for Future zeigt uns, dass die Welt für die nächste Phase direkten Handelns bereit ist.[102] Gretas trotziger Akt zivilen Ungehorsams im Alleingang – jeden Freitag die Schule zu bestreiken – hat den Zeitgeist eingefangen. Innerhalb einer relativ kurzen Zeitspanne hat sie einen friedlichen Prozess in Gang gesetzt, der die Wut von Millionen junger Menschen auf der ganzen Welt entfacht und kanalisiert und sie dadurch zu engagierten Klimaaktivisten gemacht hat.

Im Jahre 2019 bezeichnete der Chef der Organization of Petroleum Exporting Countries (OPEC) die weltweite Mobilmachung gegen das Öl als größte Bedrohung, welcher sich seine Industrie gegenübersehe.[103] Dies bescherte der bereits erfolgreichen Divestment-Bewegung zusätzlichen Auftrieb (bei der Geld von Anlagen abgezogen wird, die mit fossilen Brennstoffen in Verbindung stehen).

Die motivierende Kraft dieser Mobilisierung kommt von Menschen aus allen Gesellschaftsschichten, allen Generationen und von allen Kontinenten. Jede und jeder Einzelne, die oder der daran teilnehmen möchte, bringt uns dem Tipping Point zum Erfolg näher.

Wir sehen ein, dass die Teilnahme an Schulstreiks oder Demonstrationen zivilen Ungehorsams nicht immer möglich und in undemokratischen und sogar manchen demokratischen Gesellschaften dieser Welt auch nicht immer sicher ist. Wichtig für Sie ist, die Möglichkeiten einer Teilhabe am politischen Prozess zu erkennen und Wege zu finden, innerhalb dieser gegebenen Möglichkeiten aktiv zu werden.

Neben der direkten Auseinandersetzung mit staatlichen Organen bedarf es eines breitgefächerten politischen Handelns: Konzerne und Handelsverbände finanzieren und unterstützen politische Lobbyarbeit gegen Bürgeraktionen im Zusammenhang mit dem Klimawandel. Wir müssen diesen Konzernen unsere Zustimmung verweigern. Am einfachsten geht das, indem wir mit unserem Geld abstimmen: Kaufen Sie ihre Aktien nicht mehr, und kaufen Sie auch ihre Produkte nicht mehr, sofern es Alternativen gibt. Sprechen Sie mit Ihrer Bank, sprechen Sie mit den Institutionen, die Ihre Altersvorsorge oder Schulden betreuen. Finden Sie heraus, ob Ihr Geld in solche Konzerne investiert ist, und bitten Sie um alternative Optionen. Manche Finanzinstitute werden bereits in dieser Richtung aktiv, andere verspüren vielleicht noch nicht den notwendigen Druck von Kundenseite, um eine signifikante Kapitalverlagerung vorzunehmen.

Stabile Regierungen, die versuchen, sich dieser Herausforderung zu stellen, sollten unterstützt und nicht demontiert werden. Wir alle tragen die Verantwortung, innerhalb der traditionellen Machtsysteme jedes Druckmittel zu ergreifen, das sich uns bietet, und es so weitreichend und so schnell anzuwenden wie nur irgend möglich. Wenn wir innerhalb und außerhalb des Systems überfällige und dringend notwendige politische Veränderungen fordern, dürfen wir nicht außer Acht lassen, welche Rolle die Institutionen dabei gespielt haben, unsere Grundrechte zu sichern und Übergangsphasen für uns erträglich zu gestalten. Seit Hunderten – in manchen Fällen Tausenden – von Jahren haben unsere Institutionen in den Bereichen Bildung, Kommunikation, Recht und Religion ein bestimmtes Normengerüst vorgegeben. Man mag freilich sagen, dass uns das an vielem gehindert hat, und auf manche Phasen in der Geschichte trifft dies auch zu. Ebenso zutreffend ist aber, dass sie uns in Momenten des Zorns und des Wahnsinns geschützt und vor unseren eigenen niedersten Instinkten bewahrt haben. Wir dürfen also nicht vergessen, was sie für uns geleistet haben, und müssen Wege finden, sie zu schützen, so gut es geht. Sind sie erst einmal fort, lassen sie sich so leicht nicht ersetzen.

Da der Klimawandel anders ist als alle Herausforderungen, vor denen die Menschheit jemals stand, haben wir auch keine Blaupause für den jetzt notwendigen politischen, ökonomischen und gesellschaftlichen Transformationsprozess – aber es gibt eine Reihe außergewöhnlicher Beispiele, von denen wir lernen können. Bewegungen bürgerlichen Ungehorsams von den Suffragetten des frühen 20. Jahrhunderts und Gandhis Unabhängigkeitskampf in Indien über Martin Luther King und die Bürgerrechtsbewegung der 1960er Jahre bis hin zur Rosenrevolution in Georgien im Jahr 2003 – um nur einige zu nennen – sind alle insofern beispielhaft, als sie gewaltige Menschenmassen für ihre Sache begeistern konnten. Eine offene, inklusive Agenda und das Gefühl, gemeinsam den Lauf der Geschichte zum Besseren zu wenden, brachte diese

Bewegungen weiter, als ihre Initiatoren dies je zu träumen gewagt hätten. Wie Nelson Mandela einmal sagte, «scheint es immer so lange unmöglich, bis es getan wird».

Es ist jetzt an der Zeit, dass auch wir uns engagieren – an unseren Schulen, in Unternehmen, in den Gemeinden, Städten und Ländern – und dafür sorgen, dass der Kampf um das Überleben der Klimakrise zur größten politischen Bewegung der Geschichte wird. Dabei geht es nicht darum, Regierungen oder politische Führer auszuwechseln. Es geht darum, nachhaltig politisch aktiv zu werden und sich zu beteiligen. Die Mittel zum Erreichen unserer Ziele sind reif, die Dynamik beachtlich: Millionen von Menschen gehen auf die Straße und fordern einen Wandel. Auf der ganzen Welt ergreifen Konzerne, Städte, Investoren und Regierungen kluge und koordinierte Maßnahmen, die uns einer 1,5-Grad-Zukunft näher bringen, und haben ein offenes Ohr für die Notrufe von der Straße.

Wenn die Demokratie überleben und auch im 21. Jahrhundert gedeihen soll, ist der Klimawandel die eine große Prüfung, an der sie nicht scheitern darf.

—

Eine neue Geschichte

Zwei Dinge sollten Sie wissen:

ERSTENS haben wir selbst trotz der fortgeschrittenen Zeit noch eine Wahl, was unsere Zukunft betrifft; deshalb kommt es jetzt darauf an, richtig zu handeln. ZWEITENS sind wir in der Lage, über unser eigenes Schicksal zu entscheiden. Wir sind nicht zu einer schrecklichen Zukunft verdammt, und die Menschheit ist keine dumme Masse, unfähig, auf große Probleme zu reagieren – wenn wir jetzt handeln.

Künftige Generationen werden auf diesen Augenblick wahrscheinlich als den bedeutendsten Wendepunkt in der Geschichte zurückblicken.

Der Weg, auf den wir uns begeben haben, ist jedoch nicht leicht, und ein Erfolg ist nicht garantiert. Vor uns liegt eine kurvenreiche Strecke. Wir befinden uns in einem Moment tiefer Finsternis, aber es gibt kein Zurück mehr. Wir mögen uns gegen diese Realität wehren, doch ist jetzt der Augenblick der Wahrheit gekommen, wie in vielen guten Geschichten. Wir müssen uns der Herausforderung mit unerschütterlichem Willen stellen, in dem Wissen, dass ein Scheitern nicht in Frage kommt.

Die Wissenschaft kann uns dabei ebenso leiten wie Kunst, Literatur und Geschichte. Der Klimawandel muss Teil einer neuen Geschichte menschlichen Strebens und menschlicher Erneuerung werden.

Die momentan vorherrschenden Geschichten über die Klimakrise sind nicht gerade ermutigend. Eine neue Geschichte hingegen kann unsere Anstrengungen wiederbeleben. Wenn sich die Geschichte ändert, ändert sich alles.

Im Oktober 1957 blickten die Amerikaner gen Himmel, als der sowjetische Satellit Sputnik ihr Land überflog.[1] Zum ersten Mal war ein Satellit am Himmel, und ihr «Feind» hatte sie auf diesem Gebiet geschlagen. Von Pennsylvania über Kansas bis Colorado begriffen amerikanische Familien an jenem Abend, dass der Feind sie sehen konnte, sie beobachtete.

Wie reagierte das Land darauf? Im Jahr 1962 hielt Präsident John F. Kennedy seine berühmte Rede, noch im selben Jahrzehnt einen Menschen auf den Mond zu schicken, ein Unterfangen, das weitaus mehr erforderte als ein Satellitenstart.[2] Er sprach davon, ohne zu wissen, ob es möglich war, ohne festes Budget, ein Konzept oder einen Terminplan. Es war der Versuch, die Erzählhoheit zurückzuerobern und seinen Landsleuten eine Geschichte voller Zuversicht zu präsentieren, in der sie am Ende siegen könnten.

Die Rede erschreckte und elektrisierte die NASA gleichermaßen. Innerhalb weniger Monate reorganisierte sie sich in Übereinstimmung mit dem neuen Ziel. Die NASA-Teams arbeiteten härter als je zuvor an Innovationen, was besonders junge Leute spannend fanden; das Durchschnittsalter des Teams, das die Apollo-Missionen ins All brachte, lag bei 28 Jahren.[3] Alle waren Teil einer gemeinsamen Unternehmung, die ihrem Leben einen Sinn verlieh.

Als Kennedy der NASA Mission Control seinen ersten Besuch abstattete, begegnete er irgendwann einem Hausmeister, der den

Kontrollraum fegte. «Und was ist Ihre Aufgabe hier?», wollte Kennedy wissen.

«Mr. President, Sir», kam die Antwort. «Ich bringe einen Menschen auf den Mond.»[4]

Die fesselnde Vision gab diesem Mann das Gefühl, an etwas Großem teilzuhaben, und so war es tatsächlich. Jemand musste den Raum sauber halten; ansonsten wäre es kaum möglich gewesen, einen Menschen auf den Mond zu bringen. Man stelle sich jedoch vor, wie sich der Hausmeister gefühlt hätte, wenn er den Kontrollraum einer Regierungsbehörde gefegt hätte, die, von einem Rivalen übertrumpft, den langsamen Niedergang hätte fürchten müssen. Es war die Geschichte, die ihn zur Arbeit motivierte.

Erinnern wir uns auch an die Geschichte, die sich Großbritannien erzählte, als es die deutschen Blitzkrieg-Angriffe des Jahres 1941 erdulden musste. Noch 1939 war das Land hoffnungslos uneins gewesen, wie mit Hitler umzugehen sei. Premierminister Neville Chamberlain beharrte auf seiner Appeasement-Politik, die große Zustimmung genoss. Da die Erinnerungen an den Ersten Weltkrieg noch frisch waren, hätten viele Menschen alles getan, um der Realität nicht ins Auge sehen zu müssen, nämlich dass Hitler auf seinem Eroberungszug durch Europa nicht aufzuhalten war. Schließlich trat Chamberlain zurück, und Winston Churchill nahm seinen Platz ein. Churchill bleibt wegen verschiedener Dinge in Erinnerung, nicht alle davon sind positiv. Seine bemerkenswerteste Leistung in jenen frühen Tagen war es jedoch, dass er in der Volksseele eine neue Geschichte verankerte, welche die Menschen auf das Kommende vorbereitete. Eine Insel, allein. Eine größte Stunde. Eine großartige Generation, die den Feind an den Stränden, auf den Hügeln und in den Straßen bekämpfen würde. Ein Land, das sich niemals ergeben würde.

In zahllosen Interviews haben diejenigen, die jene Zeit erlebt haben, immer wieder geschildert, dass der Geist eines gemeinsamen Ziels alles Handeln durchdrungen habe, von den Piloten in der Luftschlacht um England bis zu den Menschen, die ihre Gärten und Grünflächen im großen Maßstab der Nahrungsmittelproduktion zur Verfügung stellten. Die simple Aufgabe, Kartoffeln aus dem Boden zu ziehen, wurde zu einem Akt im Dienst geliebter Menschen an der Front und zu einem Teil des Kampfes für den Sieg.

Bis zum Pariser Abkommen lautete die vorherrschende Geschichte lange Zeit, dass der Klimawandel zu komplex sei; es sei unmöglich, die Länder zu einer Übereinkunft zu bewegen, und die Struktur der UN lasse eine Einigung nicht zu. Im Rahmen der Verhandlungen gab es tausende Menschen, die lang und breit darlegen konnten, wie und warum die ungeheure Komplexität des Problems einem Übereinkommen im Wege stehe. Diese Denkweise zu ändern, war der schwierigste, aber entscheidende Schritt für uns. Die Reise vom Scheitern in Kopenhagen bis zum krönenden Abschluss in Paris war von einer schrittweise zunehmenden Dynamik geprägt, und mit dieser Dynamik änderte sich auch die Geschichte.

Erst waren es nur wenige, doch mit der Zeit gelangten Tausende von Menschen zu der Überzeugung, dass ein Fortschritt möglich sei, und dass sie dabei eine wichtige Rolle spielten. Mit jedem Land, dass sich zu dem Abkommen verpflichtete, glaubten mehr Menschen an diese Möglichkeit. Die Preise für Solaranlagen sanken, Städte nahmen Vorreiterrollen ein, Menschen gingen auf die Straße, Konzerne leiteten Maßnahmen ein, und Investoren zogen Kapital von fossilen Energieträgern ab. All das waren Schritte auf dem Weg zu einer neuen Geschichte.

Jetzt, da der Planet die Grenze seiner Kapazität erreicht hat, das Leben in der Form zu ermöglichen, die wir gewohnt sind, haben wir auch die Grenzen der Geschichten erreicht, die unser Leben definieren. Persönliche Errungenschaften durch individualistischen Wettbewerb, konstanter Konsum, Skepsis hinsichtlich unserer Fähigkeit, als Menschheit zusammenzuarbeiten, und die

Unfähigkeit, die weiteren Auswirkungen dessen zu sehen, was wir dem Planeten antun – all das ist nicht länger von Nutzen.

Wir müssen nun zu einem Verständnis unserer gemeinsamen Existenz auf diesem Planeten gelangen – nicht, weil es eine nette Ergänzung unseres Tuns wäre, sondern, weil es eine Frage des Überlebens ist. Unser derzeitiges Streben nach einer regenerativen Zukunft ist viel komplexer und wesentlich folgenschwerer als das Bestreben der USA, einen Menschen auf den Mond zu schicken, oder der Entschluss Großbritanniens, Hitler zu besiegen. Es ist nicht das Streben einer einzelnen Nation. Diesmal ist es an uns allen, allen Nationen und Völkern dieser Erde. Ganz gleich, wie kompliziert oder gravierend die Unterschiede zwischen uns auch sein mögen, so haben wir doch grundsätzlich ein und dasselbe Ziel: den Wunsch, für alle heute lebenden Menschen und alle kommenden Generationen eine bessere Welt zu schaffen.

Stellen wir uns nur für einen Augenblick eine Welt vor, in der wir dieses Ziel erreicht haben. Dies mag Ihnen abwegig erscheinen, vielleicht sogar utopisch, doch seitdem das Überleben der gesamten Menschheit auf dem Spiel steht, glauben wir paradoxerweise, dass unsere Chancen, dieser Herausforderung zu begegnen, größer sind als je zuvor. Die Menschheit ist in der Lage, diese Herkulesaufgabe gemeinsam anzupacken. Ob wir dabei erfolgreich sein werden, wird sich schon in wenigen Jahren herausstellen.

Mit diesem Buch haben wir begonnen, einige Elemente unserer neuen Geschichte miteinander zu verknüpfen. Gemeinsam können wir unseren Platz in dieser Welt neu definieren. Als menschliche Wesen haben wir alle das große Glück, in diesem entscheidenden Moment hier auf diesem Planeten zu sein.

Wenn uns unsere Kinder und dann deren Kinder in die Augen blicken und fragen, «Was habt ihr getan?», kann unsere Antwort nicht lauten, dass wir getan haben, was wir konnten.

Das genügt nicht. Es gibt nur eine Antwort.

Wir haben alles getan, was notwendig war.

Beginnen wir also heute damit, die Geschichte zu erzählen, wie wir uns dieser scheinbar unüberwindbaren Herausforderung stellten, wie wir uns von den vielen Rückschlägen, die wir hinnehmen mussten, nicht entmutigen ließen. Erzählen wir die Geschichte, wie wir an der Schwelle zur Katastrophe beschlossen, unsere Verantwortung ernst zu nehmen, alles Notwendige unternahmen, um diese Krise zu überstehen, und gleichzeitig unser Verhältnis zueinander und zu sämtlichen natürlichen Systemen auf der Erde, die menschliches Leben erst ermöglichen, neu gestalteten.

Erzählen wir die Geschichte eines großen Abenteuers, das wir allen noch so großen Widrigkeiten zum Trotz bestanden haben. Die Geschichte unseres Überlebens.

Und eines blühenden Daseins.

Was Sie jetzt tun können

Wie die Vision einer regenerativen Welt
Wirklichkeit wird – ein Handlungsplan

Sofort

- Atmen Sie tief durch und beschließen Sie, dass wir kollektiv in der Lage sind, dieses Problem zu meistern, und dass Sie Ihren Teil dazu beitragen werden. In diesen dunklen Tagen werden Sie ein Visionär voller Hoffnung für die Menschheit sein. In diesem Augenblick endet die Verzweiflung, und die Strategie beginnt.

- Beschließen Sie, dass Sie an der Politik für eine bessere Zukunft teilhaben werden. Sie werden Kandidaten, die sich für Emissionsreduktionen einsetzen, wählen, unterstützen und aktiv bewerben. Lehnen Sie politische Nostalgie in jeder Form ab. In den nächsten zehn Jahren wird dies Ihre oberste politische Priorität sein.

- Nehmen Sie sich fest vor, Ihre Klimabelastung bis 2030 auf die Hälfte dessen zu reduzieren, was sie heute beträgt. Setzen Sie sich 60 Prozent zum Ziel. Dass Sie momentan nicht genau wissen, wie Sie dies bewerkstelligen sollen, braucht Sie nicht aufzuhalten. Wir lernen alle.

Heute oder morgen

- Finden Sie heraus, wo Ihre wichtigsten gewählten Volksvertreter in Sachen Klimawandel stehen; schreiben Sie ihnen, und berichten Sie von Ihren Vorhaben. Teilen Sie ihnen mit, dass Sie sie beobachten.

- Essen Sie mindestens an einem Tag pro Woche kein Fleisch, und legen Sie fest, wann Sie weitere Tage hinzufügen wollen.

- Kleckern Sie nicht, klotzen Sie: Was in Ihrem Leben wirkt sich am stärksten auf den Klimawandel aus, und welche großen Dinge können Sie tun, um eine regenerative Zukunft herbeizuführen?

- Berichten Sie anderen von Ihren Vorhaben, persönlich und in den sozialen Medien. Seine Sie nicht schüchtern! Ermuntern Sie andere zum Mitmachen. Ihr Vorbild wird sie motivieren.

Diese Woche

- Erklären Sie Ihren Plan, Ihre Emissionen um mehr als die Hälfte zu reduzieren, Ihrem Partner, Ihren Kindern, Ihren Freunden und ermuntern Sie diese, dasselbe zu tun. Die Zukunft des Lebens zu bewahren, sollte Freude machen. Haben Sie Spaß dabei.

- Wählen Sie einige Maßnahmen aus und halten Sie langfristig daran fest – dies wird Ihnen neuen Schwung verleihen. Reduzieren Sie Ihren täglichen Energieverbrauch, nehmen Sie das Fahrrad statt des Autos, stellen Sie bei Strom und Heizung auf 100 Prozent saubere Energie um. Das alles ist gut und muss getan werden. Überlegen Sie, was Sie darüber hinaus tun können, und denken Sie daran, dass immer noch viel zu tun bleibt.

- Gehen Sie nach draußen, und sehen Sie sich um. Die Welt hat Schaden genommen und leidet, aber sie ist auch wunderschön, intakt und gesund. Achten Sie auf etwas, das Sie vergessen haben – auf die Knospen im Frühling oder den Frost auf toten Blättern im Winter. Empfinden Sie die Dankbarkeit, die wir der Welt für ihren Reichtum und ihre Schönheit schulden.

Diesen Monat

- Finden Sie heraus, wer in Ihrem Umfeld politische Aktionen zum Klimawandel organisiert. Besuchen Sie Veranstaltungen, und treffen Sie besorgte Bürger. Gehen Sie zu Demonstrationen und Protestmärschen! Lassen Sie sich von der Dynamik einer engagierten Gruppe mitreißen, die die Welt verändern will.

- Beginnen Sie ein Gespräch mit Menschen, die sich nicht aktiv für den Klimaschutz einsetzen. Äußern Sie Verständnis für deren Position und erweitern Sie dann ausgehend von dieser Sicht ihr Bewusstsein für die Krise.

- Handeln Sie nach Ihren eigenen Vorgaben: Was genau werden Sie dieses Jahr tun? Wie wird es sich auf Sie selbst und auf Ihre Familie auswirken? Wie werden Sie beginnen, die geplanten Veränderungen umzusetzen?

- Berechnen Sie Ihren eigenen Kohlendioxid-Fußabdruck, damit Sie sehen, woher Ihre Emissionen stammen. Im Internet stehen mehrere Tools dafür zur Verfügung. Suchen Sie sich eines aus, das Ihnen gefällt. Nutzen Sie es, um zu erkennen, wo genau Sie am effektivsten CO_2 einsparen können.

- Stellen Sie Ihr Konsumverhalten in Frage. Betrachten Sie, was Sie gekauft haben, und fragen Sie sich, ob es Ihnen Freude macht. Hinterfragen Sie Ihren Impuls, mehr zu kaufen, und erkennen Sie, wie befreiend es ist, weniger zu kaufen.

- Beginnen Sie mit Achtsamkeitsübungen, vielleicht mit einer Dankbarkeits-Atemübung. Praktizieren Sie diese jeden Tag, und seien es auch nur fünf Minuten. Lernen Sie, zwischen sich, der Welt und Ihren Reaktionen einen lichtvollen Abstand zu schaffen.

- Pflanzen Sie Bäume. So viele, wie Sie können. Suchen Sie eine örtliche Gruppe, die Bäume pflanzt. Helfen Sie dort aktiv mit, wann immer Sie können, und ermuntern Sie andere, dasselbe zu tun.

- Erkennen Sie, wie privilegiert Sie im Vergleich zu anderen sind, und helfen Sie mit, das Spielfeld für alle zugänglich zu machen.

Dieses Jahr

- Seien Sie politisch in Ihrem Alltag. Suchen Sie nach Möglichkeiten, die Emissionsreduktion kollektiv voranzutreiben. Das wird Sie inspirieren und Ihnen dabei helfen, sich als Teil einer gemeinsamen Unternehmung zu fühlen. Beteiligen Sie sich regelmäßig an Protestaktionen, soweit dies dort, wo Sie leben, möglich ist. WÄHLEN SIE!

- Seien Sie beharrlich. Möglicherweise haben Sie zu 100 Prozent auf Strom aus erneuerbaren Quellen umgestellt, Ihre Arbeitswege neu überdacht, Ihre Flugreisegewohnheiten verändert und Ihre Ernährung angepasst. Wenn Sie diese Maßnahmen im ersten Jahr durchhalten, sind die Chancen gut, dass Sie dabei bleiben. Führen Sie sich vor Augen, was Sie erreicht haben.

Bis 2030

• Setzen Sie Ihren Plan um, Ihre Emissionen um die Hälfte zu reduzieren. Feiern Sie Ihren Erfolg.

• Unterstützen Sie andere finanziell dabei, mehr Bäume zu pflanzen, als ein Symbol dafür, dass noch einiges vor Ihnen liegt. Bäume sind gut, und die Welt braucht mehr davon.

• Stellen Sie sicher, dass Sie Ihre Stimme bei nationalen und regionalen Wahlen nach diesen Prioritäten vergeben, und teilen Sie offen mit, dass Sie so gehandelt haben.

• Praktizieren Sie weiterhin Ihre anderen neuen Gewohnheiten.

• Ermutigen Sie Ihr nächstes Umfeld – Verwandte, Freunde, geliebte Menschen – dazu, klimabewusst zu leben.

• Planen Sie eine weitere Halbierung Ihrer Emissionen in den nächsten zehn Jahren.

Vor 2050

- Sie sind bei Netto-Null-Emissionen angelangt und damit Teil der Generation, die eine bessere Zukunft für uns alle gewählt hat.

ANHANG

Tipping Points

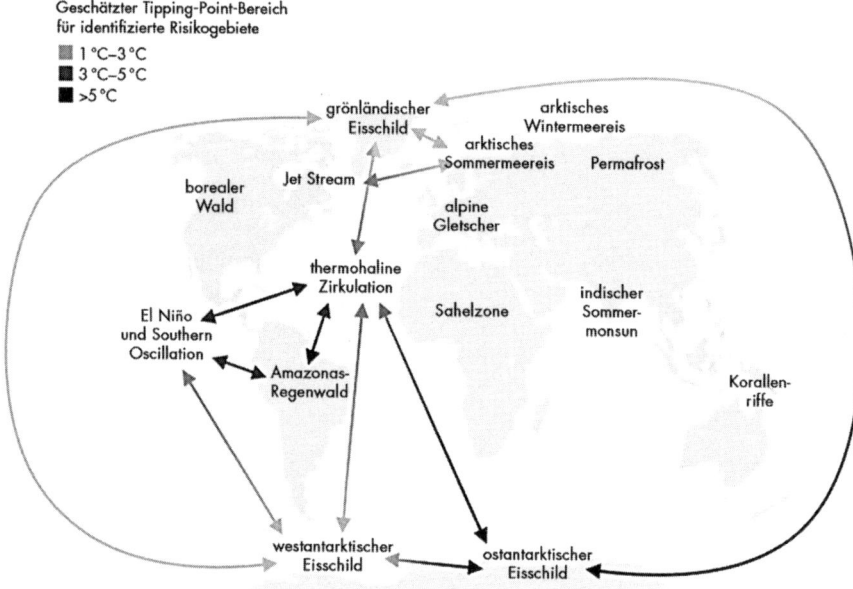

Geschätzter Tipping-Point-Bereich
für identifizierte Risikogebiete

■ 1 °C–3 °C
■ 3 °C–5 °C
■ >5 °C

grönländischer
Eisschild

arktisches
Wintermeereis

arktisches
Sommermeereis

Permafrost

borealer
Wald

Jet Stream

alpine
Gletscher

thermohaline
Zirkulation

El Niño
und Southern
Oscillation

Sahelzone

indischer
Sommer-
monsun

Amazonas-
Regenwald

Korallen-
riffe

westantarktischer
Eisschild

ostantarktischer
Eisschild

Exponentielle Roadmap 2019 (www.exponentialroadmap.org). Quelle: Will Steffen u. a., «Trajectories of the Earth System in the Anthropocene», PNAS 115, Nr. 33 (2018), S. 8252–59.

Temperatur-Szenarien

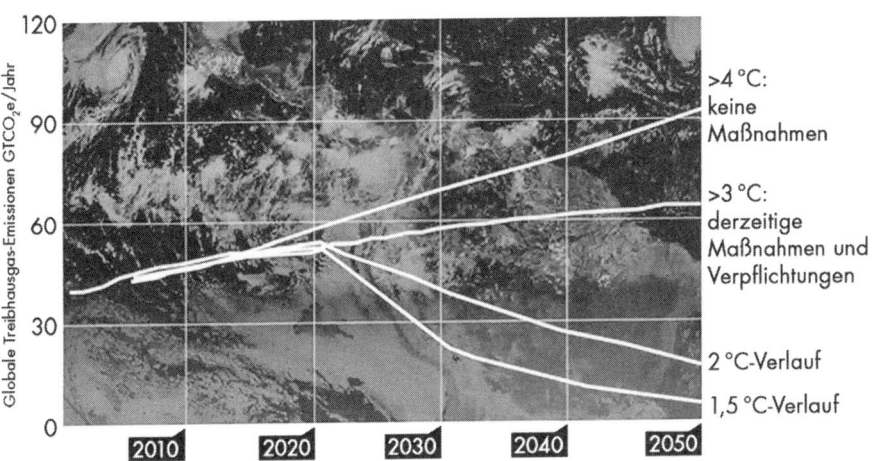

Globale Treibhausgas-Emissionen GTCO₂e/Jahr

120 — 90 — 60 — 30 — 0

2010 2020 2030 2040 2050

>4 °C:
keine
Maßnahmen

>3 °C:
derzeitige
Maßnahmen und
Verpflichtungen

2 °C-Verlauf

1,5 °C-Verlauf

Temperatur-Szenarien. Quelle: Climate Action Tracker (https://climateaction
tracker.org/global/temperatures/)

Danksagung

Zuallererst möchten wir sämtlichen Familienmitgliedern und Mentoren danken, die unsere Weltsicht geformt und geleitet haben.

Darunter sind José Figueres Ferrer, Kofi Annan, Thich Nhat Hanh, Bee Rivett-Carnac, Nigel Topping, Antony Turner, Paul Dickinson, Fraser Durham, Howard und Sue Lamb, Vivienne und Michael Zammit Cutajar, Schwester True Dedication, Bruder Phap Lai und Bruder Phap Linh.

Dieses Buch ist in vielerlei Hinsicht ein Ergebnis der Arbeit all derjenigen, die das Pariser Abkommen von 2015 geschaffen haben, und der vielen Anstrengungen, die seitdem unternommen wurden, um der Herausforderung unserer Zeit angemessen zu begegnen.

Eine wichtige Gruppe enger Freunde und Berater half uns auf direkte Weise, die in diesem Buch dargelegten Gedanken zu entwickeln und zu verbessern. Für ihre geduldigen Korrekturen und klugen Ratschläge sind wir ihnen dankbar. Insbesondere möchten wir erwähnen: Natasha Rivett-Carnac, Jesse Abrams, Stephanie Antonian, Rosina Birbaum, Amanda Eichel, Nick Foster, Thomas Friedman, Sarah Goodenough, Callum Grieve, Dave Hicks, Andrew Higham, John Holdren, Sarah Hunter, Merlin Hyman, Raj Joshi, Andy Karsner, Satish Kumar, Graham Leicester, Lindsay Levin, Thomas Lingard, Thomas Lovejoy, Mark Lynas, Michael Mann, Marina Mansilla Hermann, Mark Maslin, Bill McKibben, Jennifer Morgan, Jules Peck, Matthew Phillips, Brooks Preston, Shyla Raghav, Chloe Revill, Mike Rivett-Carnac, Bill Sharpe, Nicholas Stern, Betsy Taylor, Anne Topping, Patrick Verkooijen, Daniel Wahl, Steve Waygood, Martin Weinstein und Kerem Yilmaz. Ganz besonderen Dank schulden wir Zoe Tcholak-Antich, Lauren Hamlin und Victoria Harris.

Eine wesentlich größere Gruppe von Freunden und Kollegen hat uns auf unserer Reise sowohl zum Pariser Klimaabkommen als auch zu den wichtigen nächsten Schritten begleitet, welche die Welt jetzt unternimmt, um der Klimakrise zu begegnen und bewusst eine bessere Zukunft zu wählen. Die Liste ist schier endlos, und es wäre unmöglich, alle hier aufzuführen. Genannt seien jedoch Alejandro Agag, Lorena Aguilar, Fahad Al Attiya, Ken Alex, Ali Al-Naimi, Carlos Alvarado Quesada, Christiane Amanpour, Chris Anderson, Mats Andersson, Monica Araya, John Ashford, David Attenborough, AURORA, Mariana Awad, Peter Bakker, Vivian Balakrishnan, Ajay Banga, Greg Barker, der Ökumenische Patriarch Bartholomeos, Nicolette Bartlett, Oliver Bäte, Kevin Baumert, Marc Benioff, Jeff Bezos, Dean Bialek, Sue Biniaz, Fatih Birol, Michael Bloomberg, May Boeve, Gail Bradbrook, Piers Bradford, Richard Branson, Jesper Brodin, Tom Brookes, Jerry Brown, Sharan Burrow, Felipe Calderon, Kathy Calvin, Mark Campanale, Miguel Arias Cañete, Mark Carney, Clay Carnill, Andrea Correado Lago, Anne-Sophie Cerisola, Robin Chase, Sagarika Chatterjee, Tomas Anker Christensen, Pilita Clark, Helen Clarkson, Jo Confino, Aron Cramer, David Crane, John Danilovich, Conyers Davis, Tony de Brum, Bernaditas de Castro Muller, Brian Deese, Claudio Descalzi, Leonardo DiCaprio, Paula DiPerna, Elliot Diringer, Sandrine Dixson Decleve, Ahmed Djoghlaf, Claudia Dobles Camargo, Alister Doyle, José Manuel Entrecanales, Hernani Escobar, Patricia Espinosa, Emmanuel Faber, Nathan Fabian, Laurent Fabius, Emily Farnworth, Daniel Firger, James Fletcher, Papst Franziskus, Gail Gallie, Grace Gelder, Kristalina Georgieva, Cody Gildart, Jane Goodall, Al Gore, Kimo Goree, Ellie Goulding, Mats Granryd, Jerry Greenfield, Ólafur Grímsson, Sally Grover Bingham, Emmanuel Guerin, Kaveh Guilanpour, Stuart Gulliver, Angel Gurria, Antonio Guterres, William Hague, Thomas Hale, Brad Hall, Winnie Hallwachs, Simon Hampel, Kate Hampton, Yuval Noah Harari, Jacob Heatley-Adams, Julian Hector, Hilda Heine, Ned Helme, Barbara

Hendricks, Jamie Henn, Anne Hidalgo, François Hollande, Emma Howard Boyd, Stephen Howard, Arianna Huffington, Kara Hurst, Mo Ibrahim, Jay Inslee, Natalie Isaacs, Maria Ivanova, Lisa Jackson, Lisa Jacobson, Dan Janzen, Michel Jarraud, Sharon Johnson, Kelsey Juliana, Yolanda Kakabadse, Lila Karbassi, Iain Keith, Mark Kenber, John Kerry, Sean Kidney, Jim Kim, Ban Ki-moon, Lise Kingo, Richard Kinley, Sister Jayanti Kirpalani, Isabelle Kocher, Caio Koch-Weser, Marcin Korolec, Larry Kramer, Kalee Kreider, Kishan Kumarsingh, Rachel Kyte, Christine Lagarde, Philip Lambert, Dan Lashof, Penelope Lea, Guilherme Leal, Bernice Lee, Jeremy Leggett, Thomas Lingard, Andrew Liveris, Hunter Lovins, Mindy Lubber, Miguel Ángel Mancera Espinosa, Gina McCarthy, Stella McCartney, Bill McDonouh, Catherine McKenna, Sonia Medina, Bernadette Meehan, Johannes Meier, Maria Mendiluce, Antoine Michon, David Miliband, Ed Miliband, Amina Mohammed, Jennifer Morris, Tosi Mpanu-Mpanu, Nozipho Mxakato-Diseko, Kumi Naidoo, Nicole Ng, Maite Nkoana-Mashabane, Indra Nooyi, Michael Northrop, Tim Nuthall, Bill Nye, Jean Oelwang, Rafe Offer, Ngozi Okonjo-Iweala, Hindou Oumarou Ibrahim, Kevin O'Hanlon, René Orellana, Ricken Patel, Jose Penido, Charlotte Pera, Jonathan Pershing, Stephen Petricone, Stephanie Pfeifer, Shannon Phillips, Bertrand Piccard, François-Henri Pinault, John Podesta, Paul Polman, Ian Ponce, Carl Pope, Jonathon Porritt, Patrick Pouyanne, Manuel Pulgar Vidal, Tracy Raczek, Jairam Ramesh, Curtis Ravenell, Robin Reck, Geeta Reddy, Dan Reifsnyder, Fiona Reynolds, Ben Rhodes, Alex Rivett-Carnac, Chris Rivett-Carnac, Nick Robins, Jim Robinson, Mary Robinson, Cristiam Rodriguez, Matthew Rodriguez, Kevin Rudd, Mark Ruffalo, Artur Runge-Metzger, Karsten Sach, Claudia Salerno Caldera, Fredric Samama, Richard Samans, M. Sanjayan, Steve Sawyer, Jerome Schmitt, Kirsty Schneeberger, Seth Schultz, Klaus Schwab, Arnold Schwarzenegger, Jeff Seabright, Maros Sefcovic, Leah Seligmann, Peter Seligmann, Oleg Shamanov, Kevin Sheekey,

Feike Sijbesma, Nat Simons, Paul Simpson, Michael Skelly, Erna Solberg, Andrew Steer, Achim Steiner, Todd Stern, Tom Steyer, Irene Suárez, Mustafa Suleyman, Terry Tamminen, Ratan Tata, Astro Teller, Tessa Tenant, Halldór Thorgeirsson, Greta Thunberg, Svante Thunberg, Susan Tierney, Halla Tomasdottir, Laurence Tubiana, Keith Tuffley, Jo Tyndall, Hamdi Ulukaya, Gino van Begin, Ben van Beurden, Andy Vesey, Mark Watts, Dominic Waughray, Meridith Webster, Scott Weiner, Helen Wildsmith, Antha Williams, Dessima Williams, Mark Wilson, Justin Winters, Martin Wolf, Farhana Yamin, Zhang Yue, Mohammed Yunus, Jochen Zeitz und Xie Zhenhua.

Wir danken der gesamten Belegschaft des Sekretariats der Klimarahmenkonvention der Vereinten Nationen, dem stets umsichtigen UN-Sicherheitspersonal und dem vorbildlichen Team der Mission 2020.

Ohne das bemerkenswerte Geschick von Erroll McDonald und Margaret Stead sowie ihrer jeweiligen Teams – die Herausgeber bei Knopf and Bonnier, mit denen wir zusammenarbeiten durften –, wäre dieses Buch unmöglich gewesen.

Nachdem wir gut zwei Jahre darüber nachgedacht hatten, ein Buch zu schreiben, aber nicht recht damit vorangekommen waren, änderte sich das schlagartig, als wir im September 2018 Doug Abrams kennenlernten. Doug und das Team von Idea Architects überarbeiteten unseren Ansatz und ließen das Projekt in einer Weise real werden, wie es ohne sie niemals der Fall gewesen wäre. In vielerlei Hinsicht schuldet unser Buch seine Entstehung vor allem diesem Team sowie, neben Doug selbst, der Sprachkünstlerin Lara Love und dem höchst effizienten Vorgehen von Ty Gideon Love. Unser Dank gebührt daneben auch Caspian Dennis, Sandy Violette und dem gesamten Team von Abner Stein, ebenso wie Camilla Ferrier, Jemma McDonagh und dem gesamten Team der Marsh Agency.

Wir können diese Danksagung nicht beschließen, ohne den

engen Freunden und Verwandten zu danken, die uns beim Verfassen dieses Buches unterstützt haben. Die wenigen Monate des eigentlichen Schreibens waren von großen, sowohl traurigen als auch freudigen Ereignissen in unserem Leben geprägt. Dazu gehörten der Tod zweier von Christianas Brüdern, Mariano und Martí; von Toms Schwiegermutter, Irene Walter; und von Dougs Vater, Richard Abrams. In dieselbe Zeitspanne fiel aber auch die Hochzeit von Christianas Tochter Yihana. Wir empfinden große Dankbarkeit gegenüber jenen uns nahestehenden Menschen, die uns in dieser Zeit großzügig und geduldig unterstützt haben, insbesondere Naima Ritter, Yihana Ritter, Kirsten Figueres, Mariano Figueres, Chaco Delgado, David Hall, Ron Walter, Diana Strike, Sara Rivett-Carnac und Natasha Rivett-Carnac.

Ihr seid unsere Vergangenheit, unsere Gegenwart und unsere Zukunft.

Anmerkungen

Einleitung
Das entscheidende Jahrzehnt

1 Charles Keeling, «The Concentration and Isotopic Abundances of Carbon Dioxide in the Atmosphere», Tellus 12, Nr. 2 (1960), S. 200–203, https://onlinelibrary.wiley.com/doi/epdf/10.1111/j.2153-3490.1960.tb01300.x. Die Scripps Institution of Oceanography an der UC Davis führt seit 1958 Aufzeichnungen über die globale CO_2-Konzentration und aktualisiert ständig die Keeling-Kurve: https://scripps.ucsd.edu/programs/keelingcurve/

Kapitel 1
Wir wählen unsere Zukunft

1 Mehr zu den Eiszeiten siehe etwa: Michael Marshall, «The History of Ice on Earth», *New Scientist*, 24. Mai 2010, https://www.newscientist.com/article/dn18949-the-history-of-ice-on-earth/
2 Man rechnet mit einem Anwachsen der Erdbevölkerung auf 9,8 Milliarden bis 2050. Hauptabteilung Wirtschaftliche und Soziale Angelegenheiten der Vereinten Nationen, «Growing at a Slower Pace, World Population Is Expected to Reach 9.7 Billion in 2050 and Could Peak at Nearly 11 Billion around 2100», 17. Juni 2019, https://www.un.org/development/desa/en/news/population/world-population-prospects-2019.html
3 Daniel Christian Wahl, «Learning from Nature and Designing as Nature: Regenerative Cultures Create Conditions Conducive to Life», Biomimicry Institute, 6. September 2016, https://biomimicry.org/learning-nature-designing-nature-regenerative-cultures-create-conditions-conducive-life/
4 Die industrielle Revolution und die exzessive Nutzung fossiler Rohstoffe änderten unsere Richtung. Mehr dazu unter: History.com, «Industrial Revolution», 1. Juli 2019 (Update vom 9. September 2019), https://www.history.com/topics/industrial-revolution/industrial-revolution, und Hannah Ritchie und Max Roser, «Fossil Fuels», Our World in Data, https://ourworldindata.org/fossil-fuels
5 National Aeronautics and Space Administration, «Changes in the Carbon Cycle», NASA Earth Observatory, 16. Juni 2011, https://earthobservatory.nasa.gov/features/CarbonCycle/page4.php
6 Rémi d'Annunzio, Marieke Sandker, Yelena Finegold und Zhang Min, «Projec-

ting Global Forest Area Towards 2030», *Forest Ecology and Management* 352 (2015), S. 124–133, https://www.sciencedirect.com/science/article/pii/S0378 112715001346; John Vidal, «We Are Destroying Rainforests So Quickly They May Be Gone in 100 Years», *Guardian* (US-Ausgabe), 23. Januar 2017, https://www.theguardian.com/global-development-professionals-network/2017/jan/ 23/destroying-rainforests-quickly-gone-100-years-deforestation

7 Josh Gabbatiss, «Earth Will Take Millions of Years to Recover from Climate Change Mass Extinction, Study Suggests», *Independent*, 8. April 2019, https://www.independent.co.uk/environment/mass-extinction-recovery-earth-climate-change-biodiversity-loss-evolution-a8860326.html

8 Richard Gray, «Sixth Mass Extinction Could Destroy Life as We Know It – Biodiversity Expert», *Horizon*, 4. März 2019, https://horizon-magazine.eu/article/ sixth-mass-extinction-could-destroy-life-we-know-it-biodiversity-expert.html; Gabbatiss, «Earth Will Take Millions of Years».

9 LuAnn Dahlman und Rebecca Lindsey, «Climate Change: Ocean Heat Content», Climate.gov, 1. August 2018, https://www.climate.gov/news-features/ understanding-climate/climate-change-ocean-heat-content

10 Lauren E. James, «Half of the Great Barrier Reef Is Dead», *National Geographic*, August 2018, https://www.nationalgeographic.com/magazine/2018/08/ explore-atlas-great-barrier-reef-coral-bleaching-map-climate-change/

11 T. Schoolmeester, H. L. Gjerdi, J. Crump, u. a., *Global Linkages: A Graphic Look at the Changing Arctic, Rev. 1* (Nairobi und Arendal: UN Environment and GRID-Arendal, 2019), http://www.grida.no/publications/431

12 National Aeronautics and Space Administration, «As Seas Rise, NASA Zeros In: How Much? How Fast?», 3. August 2017, https://www.nasa.gov/goddard/ risingseas

13 Joseph Stromberg, «What Is the Anthropocene and Are We in It?», *Smithsonian*, Januar 2013, https://www.smithsonianmag.com/science-nature/what-is-the-anthropocene-and-are-we-in-it-164801414/

14 Näheres hierzu in: Darrell Moellendorf, «Progress, Destruction, and the Anthropocene», *Social Philosophy and Policy* 34, Nr. 2 (2017), S. 66–88. Siehe auch: *Anthropocene: The Human Epoch*, Dokumentarfilm 2018, https://theanthropocene.org/film/

15 Mehr als drei Grad Celsius wärmer als die vorindustrielle globale Durchschnittstemperatur.

16 Sprich: 1,5 Grad Celsius höher als die vorindustrielle globale Durchschnittstemperatur.

17 Näheres hierzu unter: Intergovernmental Panel of Climate Change, «Special Report: Global Warming of 1.5 ºC», 2018, https://www.ipcc.ch/sr15/

18 Nebojsa Nakicenovic und Rob Swart (Hg.), *Special Report on Emissions Scenarios*, Cambridge, GB: Cambridge University Press 2000, https://www.ipcc.ch/ report/emissions-scenarios/

Kapitel 2
Die Welt, wie wir sie gerade schaffen

1 WHO, Department of Public Health, Environmental and Social Determinants of Health, «Ambient Air Pollution: Health Impacts», https://www.who.int/air pollution/ambient/health-impacts/en/

2 Greenpeace Südostasien, «Latest Air Pollution Data Ranks World's Cities Worst to Best», 5. März 2019, https://www.greenpeace.org/southeastasia/press/679/latest-air-pollution-data-ranks-worlds-cities-worst-to-best/

3 «Cloud Seeding», ScienceDirect, https://www.sciencedirect.com/topics/earth-and-planetary-sciences/cloud-seeding

4 Saurer Regen ist jede Form von Niederschlag mit hohem Gehalt an Salpeter- oder Schwefelsäure. Dieser kann auch in Form von Schnee oder Nebel auftreten. Normaler Regen ist leicht sauer und hat einen pH-Wert von 5,6 – wohingegen der pH-Wert des sauren Regens zwischen 4,2 und 4,4 liegt. Hauptsächlich entsteht der saure Regen durch menschliche Aktivitäten. Siehe: Christina Nunez, «Acid Rain Explained», *National Geographic*, 28. Februar 2019, https://www.nationalgeographic.com/environment/global-war ming/acid-rain/

5 Heather Smith, «Will Climate Change Move Agriculture Indoors? And Will That Be a Good Thing?», *Grist*, 3. Februar 2016, https://grist.org/food/will-climate-change-move-agriculture-indoors-and-will-that-be-a-good-thing/

6 Johan Rockström, «Climate Tipping Points», Global Challenges Foundation, https://www.globalchallenges.org/en/our-work/annual-report/climate-tipping-points

7 Siehe: David Wallace-Wells, *The Uninhabitable Earth: Life After Warming*, New York: Tim Duggen Books 2019.

8 Great Barrier Reef Marine Park Authority, «Climate Change», 2018, http://www.gbrmpa.gov.au/our-work/threats-to-the-reef/climate-change

9 Aylin Woodward, «One of Antarctica's Biggest Glaciers Will Soon Reach a Point of Irreversible Melting», *Business Insider France*, 9. Juli 2019, http://www.businessinsider.fr/us/antarctic-glacier-on-way-to-irreversible-melt-2019-7

10 Roz Pidcock, «Interactive: What Will 2C and 4C of Warming Mean for Sea Level Rise?», Carbon Brief, 11. September 2015, https://www.carbonbrief.org/interactive-what-will-2c-and-4c-of-warming-mean-for-global-sea-level-rise; Josh Holder, Niko Kommenda und Jonathan Watts, «The Three-Degree World: The Cities That Will Be Drowned by Global Warming», *Guardian* (US-Ausgabe), 3. November 2017, https://www.theguardian.com/cities/ng-interactive/2017/nov/03/three-degree-world-cities-drowned-global-warming

11 United Nations Climate Change News, «Climate Change Threatens National Security, Says Pentagon», 14. Oktober 2014, https://unfccc.int/news/climate-change-threatens-national-security-says-pentagon. Weitere Quellen siehe: American Security Project, «Climate Security Is National Security», https://www.americansecurityproject.org/climate-security/

12 Polar Science Center, «Antarctic Melting Irreversible in 60 Years», http://psc. apl.uw.edu/antarctic-melting-irreversible-in-60-years/

13 Ocean Portal Team, «Ocean Acidification», Smithsonian Institute, April 2018, https://ocean.si.edu/ocean-life/invertebrates/ocean-acidification

14 Chang-Eui Park, Su-Jong Jeong, Manoj Joshi u. a., «Keeping Global Warming Within 1.5°C Constrains Emergence of Aridification», *Nature Climate Change* 8, Nr. 1 (Januar 2018), S. 70–74.

15 Regan Early, «Which Species Will Survive Climate Change?», *Scientific American*, 17. Februar 2016, https://www.scientificamerican.com83647/article/which-species-will-survive-climate-change/

16 Scientific Expert Group on Climate Change and Sustainable Development, «Confronting Climate Change: Avoiding the Unmanageable and Managing the Unavoidable», Sigma Xi, Februar 2007, https://www.sigmaxi.org/docs/default-source/Programs-Documents/Critical83647-Issues-in-Science/executive-summary-of-confronting-climate83647-change.pdf

17 Mehr über die Risiken des Klimawandels für Flusssysteme siehe: John Schwartz, «Amid 19-Year Drought, States Sign Deal to Conserve Colorado River Water», *New York Times*, 19. März 2019, https://www.nytimes.com /2019/03/19/climate/colorado-river-water.html; Sarah Zielinski, «The Colorado River Runs Dry», *Smithsonian*, Oktober 2010, https://www.smithsonianmag. com/science-nature/the-colorado-river-runs-dry-61427169/; «Earth Matters: Climate Change Threatening to Dry Up the Rio Grande River, a Vital Water Supply», CBS News, 22. April 2019, https://www.cbsnews.com/news/earth-day-2019-climate-change-threatening-to-dry-up-rio-grande-river-vital-water-supply/

18 Gary Borders, «Climate Change on the Rio Grande», *World Wildlife Magazine*, Herbst 2015, https://www.worldwildlife.org/magazine/issues/fall-2015/articles/climate-change-on-the-rio-grande

19 Brian Resnick, «Melting Permafrost in the Arctic Is Unlocking Diseases and Warping the Landscape», Vox, 26. September 2019, https://www.vox.com/ 2017/9/6/16062174/permafrost-melting

20 «How Climate Change Can Fuel Wars», *Economist*, 23. Mai 2019, https://www. economist.com/international/2019/05/23/how-climate-change-can-fuel-wars

21 Silja Klepp, «Climate Change and Migration», *Oxford Research Encyclopedias: Climate Science*, April 2017, https://oxfordre.com/climate science/view/10 .1093/acrefore/9780190228620.001.0001 /acrefore-9780190228620-e-42

22 Resnick, «Melting Permafrost».

23 Derek R. MacFadden, Sarah F. McGough, David Fisman, Mauricio Santillana und John S. Brownstein, «Antibiotic Resistance Increases with Local Temperature», *Nature*, 21. Mai 2018, https://www.nature.com/articles/s41558-018-0161-6

Kapitel 3
Die Welt, wie wir sie schaffen müssen

1 P. J. Marshall, «Reforestation: The Critical Solution to Climate Change», Leonardo DiCaprio Foundation, 7. Dezember 2018, https://www.leonardodicaprio. org/reforestation-the-critical-solution-to-climate-change/

2 Julio Díaz, Gesundheits- und Umweltexperte an der zum Instituto de Salud Carlos III gehörigen Escuela Nacional de Sanidad, berichtet, dass Menschen mit Nierenproblemen und neurodegenerativen Krankheiten wie Parkinson bei heißem Wetter öfter den Arzt aufsuchen. Durch starke Hitze erhöht sich zudem das Risiko von Frühgeburten, während die Geburtenraten sinken. Zitiert in: Manuel Planelles, «More Than a Feeling: Summers in Spain Really Are Getting Longer and Hotter», El País, 3. April 2019, https://elpais.com/ elpais/2019/04/03/inenglish/1554279672_888064.html

3 E. O. Wilson Biodiversity Foundation, «Half-Earth: Our Planet's Fight for Life», https://eowilsonfoundation.org/half-earth-our-planet-s-fight-for-life/; Emily E. Adams, «World Forest Area Still on the Decline», Earth Policy Institute, 31. August 2012, http://www.earth-policy.org/indicators/C56/forests_2012

4 Project Drawdown, «Tree Intercropping», https://www.drawdown.org/solutions/food/tree-intercropping; Project Drawdown, «Silvopasture», https:// www.drawdown.org/solutions/food/silvopasture

5 Petra Todorovich und Yoav Hagler, «High-Speed Rail in America», America 2050, Januar 2011, http://www.america2050.org/pdf/HSR-in-America-Complete.pdf; Anton Babadjanov, «Can We Replace Cross-Country Air with Rail Travel? Yes, We Can!», Seattle Transit Blog, 15. Februar 2019, https://seattletransitblog.com/2019/02/15/can-we-replace-cross-country-air-with-rail-travel-yes-we-can/

6 Project Drawdown, «Nuclear», https://www.drawdown.org/solutions/electricity-generation/nuclear; siehe auch: Union of Concerned Scientists, «Nuclear Power & Global Warming», 22. Mai 2015 (aktualisiert am 8. November 2018), https://www.ucsusa.org/nuclear-power/nuclear-power-and-global-warming

7 RMIT University, «Solar Paint Offers Endless Energy from Water Vapor», ScienceDaily, 14. Juni 2017, https://www.sciencedaily.com/releases/2017/06/170614091833.htm

8 Global Water Scarcity Atlas, «Desalination Powered by Renewable Energy», https://waterscarcityatlas.org/desalination-powered-by-renewable-energy/

9 Project Drawdown, «Pasture Cropping», https://www.drawdown.org/solutions/coming-attractions/pasture-cropping. Siehe auch: Taylor Mooney, «What Is Regenerative Farming? Experts Say It Can Combat Climate Change», CBS News, 28. Juli 2019, https://www.cbsnews.com/news/what-is-regenerative-farming-cbsn-originals/

10 Mehr zum Thema Klimawandel und Lebensmittelpreise siehe: Nitin Sethi, «Climate Change Could Cause 29 % Spike in Cereal Prices: Leaked UN Report», Business Standard, 15. Juli 2019, https://www.business-standard.com/article/

current-affairs/climate-change-could-cause-29-spike-in-cereal-prices-leaked-un-report-119071500637_1.html

11 Mehr über dieses Konzept siehe: Anna Behrend, «What Is the True Cost of Food?», *Spiegel Online*, 2. April 2016, https://www.spiegel.de/international/tomorrow/the-true-price-of-foodstuffs-a-1085086.html; deutsche Fundstelle: «Der wahre Preis von Lebensmitteln», *Spiegel Online*, 2. April 2016, https://www.spiegel.de/wirtschaft/lebensmittel-und-umweltschaeden-der-wahre-preis-fuer-kaese-und-saft-a-1084862.html; Megan Perry, «The Real Cost of Food», Sustainable Food Trust, November 2015, https://sustainablefoodtrust.org/articles/the-real-cost-of-food/

12 Sarah Gibbens, «Eating Meat Has ‹Dire› Consequences for the Planet, Says Report», *National Geographic*, 16. Januar 2019, https://www.nationalgeographic.com/environment/2019/01/commission-report-great-food-transformation-plant-diet-climate-change/

13 Abteilung Fischerei und Aquakultur der Ernährungs- und Landwirtschaftsorganisation der Vereinten Nationen, «Climate Change Mitigation Strategies», 28. September 2016, http://www.fao.org/fishery/topic/166280/en

14 Jennifer L. Pomeranz, Parke Wilde, Yue Huang, Renata Micha und Dariush Mozaffarian, «Legal and Administrative Feasibility of a Federal Junk Food and Sugar-Sweetened Beverage Tax to Improve Diet», *American Journal of Public Health*, 10. Januar 2018, https://ajph.aphapublications.org/doi/10.2105/AJPH.2017.304159; Arlene Weintraub, «Should We Tax Junk Foods to Curb Obesity?», *Forbes*, 10. Januar 2018, https://www.forbes.com/sites/arlenewein traub/2018/01/10/should-we-tax-junk-foods-to-curb-obesity/; Mexico und Ungarn experimentieren bereits mit der Besteuerung von Junk Food, siehe: Julia Belluz, «Mexico and Hungary Tried Junk Food Taxes – and They Seem to Be Working», Vox, 17. Januar 2018 (aktualisiert am 6. April 2018), https://www.vox.com/2018/1/17/16870014/junk-food-tax

15 Das geschieht bereits: «China's Hainan Province to End Fossil Fuel Car Sales in 2030», Phys.org, 6. März 2019, https://phys.org/news/2019-03-china-hainan-province-fossil-fuel.html

16 Das geschieht bereits in Großbritannien: Tom Edwards, «ULEZ: The Most Radical Plan You've Never Heard Of», BBC News, 26. März 2019, https://www.bbc.com/news/uk-england-london-47638862

17 Smart Energy International, «Storage Advancements Fast-Track New Power Projects, Experts Say», 21. Juni 2018, https://www.smart-energy.com/news/energy-storage-new-power-projects/

18 Adela Spulber und Brett Smith, «Are We Building the Electric Vehicle Charging Infrastructure We Need?», *IndustryWeek*, 21. November 2018, https://www.industryweek.com/technology-and-iiot/are-we-building-electric-vehicle-charging-infrastructure-we-need

19 Echo Huang, «By 2038, the World Will Buy More Passenger Electric Vehicles Than Fossil-Fuel Cars», Quartz, 15. Mai 2019, https://qz.com/1618775/by-2038-sales-of-electric-cars-to-overtake-fossil-fuel-ones/; Jesper Berggreen, «The Dream Is Over – Europe Is Waking Up to a World of Electric Cars», Clean-

Technica, 17. Februar 2019, https://cleantechnica.com/2019/02/17/the-dream-is-over-europe-is-waking-up-to-a-world-of-electric-cars/

20 Diese Beschleunigung erreichten wir bereits 2019, siehe: James Gilboy, «The Porsche Taycan Will Do Zero-to-60 in 3.5 Seconds», The Drive, 17. August 2018, https://www.thedrive.com/news/22984/the-porsche-taycan-will-do-zero-to-60-in-3-5-seconds; «elektrifizierte» Klassiker bilden bereits ein wachsendes Marktsegment: Robert C. Yeager, «Vintage Cars with Electric-Heart Transplants», *New York Times*, 10. Januar 2019, https://www.nytimes.com/2019/01/10/business/electric-conversions-classic-cars.html

21 Hauptabteilung Wirtschaftliche und Soziale Angelegenheiten der Vereinten Nationen, «68% of the World Population Projected to Live in Urban Areas by 2050, Says UN», 16. Mai 2018, https://www.un.org/development/desa/en/news/population/2018-revision-of-world-urbanization-prospects.html

22 David Dudley, «The Guy from Lyft Is Coming for Your Car», CityLab, 19. September 2016, https://www.citylab.com/transportation/2016/09/the-guy-from-lyft-is-coming-for-your-car/500600/

23 Annie Rosenthal, «How 3D Printing Could Revolutionize the Future of Development», Medium, 1. Mai 2018, https://medium.com/@plus_socialgood/how-3d-printing-could-revolutionize-the-future-of-development-54a270d6186d; Elizabeth Royte, «What Lies Ahead for 3-D Printing?», *Smithsonian*, Mai 2013, https://www.smithsonianmag.com/science-nature/what-lies-ahead-for-3-d-printing-37498558/

24 Marissa Peretz, «The Father of Drones' Newest Baby Is a Flying Car», *Forbes*, 24. Juli 2019, https://www.forbes.com/sites/marissaperetz/2019/07/24/the-father-of-drones-newest-baby-is-a-flying-car/

25 Die «Slowcation» war in Gestalt der «Grand Tour» schon vom 17. bis zum 19. Jahrhundert beliebt: Richard Franks, «What Was the Grand Tour and Where Did People Go?», Culture Trip, 4. Dezember 2017, https://theculturetrip.com/europe/articles/what-was-the-grand-tour-and-where-did-people-go/

26 International Organization for Migration, https://www.iom.int/migration-and-climate-change-0; siehe auch: Erik Solheim und William Lacy Swing, «Migration and Climate Change Need to Be Tackled Together», United Nations Framework Convention on Climate Change, 7. September 2018, https://unfccc.int/news/migration-and-climate-change-need-to-be-tackled-together

27 Richard B. Rood, «What Would Happen to the Climate If We Stopped Emitting Greenhouse Gases Today?», The Conversation, 1. Dezember 2014, http://theconversation.com/what-would-happen-to-the-climate-if-we-stopped-emitting-greenhouse-gases-today-35011

28 Es werden bereits Häuser im 3D-Druckverfahren hergestellt, siehe: Adele Peters, «This House Can Be 3D-Printed for $4,000», *Fast Company*, 12. März 2018, https://www.fastcompany.com/40538464/this-house-can-be-3d-printed-for-4000

Kapitel 4
Wer wollen wir sein?

1 Joanna Macy und Chris Johnstone, *Active Hope: How to Face the Mess We're in Without Going Crazy*, San Francisco: New World Library 2012, S. 32.

Kapitel 5
Hartnäckiger Optimismus

1 Kendra Cherry, «Learned Optimism», Verywell Mind, 25. Juli 2019, https://www.verywellmind.com/learned-optimism-4174101

2 Jeremy Hodges, «Clean Energy Becomes Dominant Power Source in U. K.», *Bloomberg*, 20. Juni 2019, https://www.bloomberg.com/news/articles/2019-06-20/clean-energy-is-seen-as-dominant-source-in-u-k-for-first-time

3 Jordan Davidson, «Costa Rica Powered by Nearly 100% Renewable Energy», EcoWatch, 6. August 2019, https://www.ecowatch.com/costa-rica-net-zero-carbon-emissions-2639681381.html

4 Sammy Roth, «California Set a Goal of 100% Clean Energy, and Now Other States May Follow Its Lead», *Los Angeles Times*, 10. Januar 2019, https://www.latimes.com/business/la-fi-100-percent-clean-energy-20190110-story.html

5 Václav Havel, *Disturbing the Peace: A Conversation with Karel Huizdala*, New York: Vintage Books 1991, S. 181–82; deutsche Ausgabe: *Fernverhör: Ein Gespräch mit Karel Hvíždala*, Hamburg: Rowohlt 1987.

6 Rebecca Solnit, *Hope in the Dark: Untold Histories, Wild Possibilities*, Chicago: Haymarket Books 2016, S. 4.

Kapitel 6
Unerschöpflicher Reichtum

1 Brad Lancaster, «Planting the Rain to Grow Abundance», Vortrag, TEDx-Tucson, 6. März 2017, https://www.youtube.com/watch?v=I2x DZlpInik

2 American Sociological Association, «In Disasters, Panic Is Rare; Altruism Dominates», ScienceDaily, 8. August 2002, https://www.sciencedaily.com/releases/2002/08/020808075321.htm

3 Therese J. Borchard, «How Giving Makes Us Happy», Psych Central, 8. Juli 2018, https://psychcentral.com/blog/how-giving-makes-us-happy/

4 Wikipedia, «November 2015 Paris Attacks», https://en.wikipedia.org/wiki/November_2015_Paris_attacks; deutsch: «Terroranschläge am 13. November 2015 in Paris», https://de.wikipedia.org/wiki/Terroranschl%C3%A4ge_am_13._November_2015_in_Paris

Kapitel 7
Radikale Regeneration

1 Richard Louv, *Last Child in the Woods: Saving Our Children from Nature-Defi-cit Disorder*, New York: Algonquin 2005.

2 Gregory Bateson, *Steps to an Ecology of Mind*, Chicago: University of Chicago Press 1972.

3 Daniel Christian Wahl, *Designing Regenerative Cultures*, Charmouth, GB: Tri-archy Press 2016, S. 267.

Kapitel 8
Tun, was notwendig ist

1 Die Erde würde sich trotzdem weiter erwärmen. Siehe: Ute Kehse, «Global Warming Doesn't Stop When the Emissions Stop», Phys.org, 3. Oktober 2017, https://phys.org/news/2017-10-global-doesnt-emissions.html

2 Caitlin E. Werrell und Francesco Femia, «Climate Change Raises Conflict Concerns», *UNESCO Courier*, Nr. 2 (2018), https://en.unesco.org/courier/2018-2/climate-change-raises-conflict-concerns

3 «Germany on Course to Accept One Million Refugees in 2015», *Guardian* (US-Ausgabe), 7. Dezember 2015, https://www.theguardian.com/world/2015/dec/08/germany-on-course-to-accept-one-million-refugees-in-2015

4 Benedikt Peters, «5 Reasons for the Far Right Rising in Germany», *Süddeut-sche Zeitung*, https://projekte.sueddeutsche.de/artikel/politik/afd-5-reasons-for-the-far-right-rising-in-germany-e403522/; deutsche Fundstelle: Warum die AfD so gut abgeschnitten hat, *Süddeutsche Zeitung,* 24. September 2017, https://www. sueddeutsche.de /politik/bundestagswahl-warum-die-afd-so-gut-abgeschnitten-hat-1.3679800

5 Project Drawdown ist ebenfalls eine großartige Quelle und stellt zahlreiche Lösungen dar, wie die globale Erwärmung aufzuhalten wäre.

6 Reality-Check-Team, «Reality Check: Which Form of Renewable Energy Is Cheapest?», BBC News, 26. Oktober 2018, https://www.bbc.com/news/business-45881551

7 Michael Savage, «End Onshore Windfarm Ban, Tories Urge», *Guardian* (US-Ausgabe), 30. Juni 2019, https://www.theguardian.com/environment/2019/jun/30/tories-urge-lifting-off-onshore-windfarm-ban

8 Shannon Hall, «Exxon Knew About Climate Change Almost 40 Years Ago», *Scientific American*, 26. Oktober 2015, https://www.scientific american.com/article/exxon-Knew-about-climate-change-almost-40-years-ago/

9 Sarah Pruitt, «How the Treaty of Versailles and German Guilt Led to World War II», History.com, Juni 29, 2018 (updated Juni 3, 2019), https://www.history.com/news/treaty-of-versailles-world-war-ii-german-guilt-effects

10 Sarah Pruitt, «What, and Who, Are France's ‹Gilets Jaunes›?», *Economist*, 27. November 2018, https://www.economist.com/the-economist-explains/2018/11/27/what-and-who-are-frances-gilets-jaunes

11 Alex Birkett, «Online Manipulation: All the Ways You're Currently Being Deceived», Conversion XL, 19. November 2015 (Update vom Februar 2019), https://conversionxl.com/blog/online-manipulation-all-the-ways-youre-currently-being-deceived/

12 Stephanie Pappas, «Shrinking Glaciers Point to Looming Water Shortages», Live Science, 8. Dezember 2011, https://www.livescience.com/17379-shrinking-glaciers-water-shortages.html

13 Bridget Alex, «Artic [*sic*] Meltdown: We're Already Feeling the Consequences of Thawing Permafrost», *Discover*, Juni 2018, http://discovermagazine.com/2018/jun/something-stirs

14 Fern Riddell, «Suffragettes, Violence and Militancy», British Library, 6. Februar 2018, https://www.bl.uk/votes-for-women/articles/suffragettes-violence-and-militancy

15 Office of the Historian, Department of State, «The Collapse of the Soviet Union», https://history.state.gov/milestones/1989-1992/collapse-soviet-union

16 «Futurama: ‹Magic City of Progress›», in: *World's Fair: Enter the World of Tomorrow*, Biblion, http://exhibitions.nypl.org/biblion/worldsfair/enter-world-tomorrow-futurama-and-beyond/story/story-gmfuturama

17 Abby Norman, «Aliens, Autonomous Cars, and AI: This Is the World of 2118», Futurism.com, 11. Januar 2018, https://futurism.com/2118-century-predictions; Matthew Claudel und Carlo Ratti, «Full Speed Ahead: How the Driverless Car Could Transform Cities», McKinsey & Company, August 2015, https://www.mckinsey.com/business-functions/sustainability/our-insights/full-speed-ahead-how-the-driverless-car-could-transform-cities

18 Brad Plumer, «Cars Take Up Way Too Much Space in Cities. New Technology Could Change That», Vox, 2016, https://www.vox.com/a/new-economy-future/cars-cities-technologies; Vanessa Bates Ramirez, «The Future of Cars Is Electric, Autonomous, and Shared – Here's How We'll Get There», Singularity Hub, 23. August 2018, https://singularityhub.com/2018/08/23/the-future-of-cars-is-electric-autonomous-and-shared-heres-how-well-get-there/

19 Tim Walker, «Maya Angelou Dies: ‹You May Encounter Many Defeats, but You Must Not Be Defeated›», *Independent*, 28. Mai 2014, https://www.independent.co.uk/news/people/maya-angelou-dies-you-may-encounter-many-defeats-but-you-must-not-be-defeated-9449234.html

20 «Martin Luther King Jr. – Biography», NobelPrize.org, https://www.nobelprize.org/prizes/peace/1964/king/biographical

21 Jonathan Swift, «The Art of Political Lying», *The Examiner*, 9. November 1710, https://www.bartleby.com/209/633.html

22 Soroush Vosoughi, Deb Roy und Sinan Aral, «The Spread of True and False News Online», *Science*, 9. März 2018, https://science.sciencemag.org/content/359/6380/1146.full

23 Carolyn Gregoire, «The Psychology of Materialism, and Why It's Making You Unhappy», *Huffington Post,* 15. Dezember 2013 (Update vom 7. Dezember 2017), https://www.huffpost.com/entry/psychology-materialism_n_4425982

24 Encyclopaedia Britannica Online, «Confirmation Bias», https://www.britan nica.com/science/confirmation-bias

25 Ben Webster, «Britons Buy a Suitcase Full of New Clothes Every Year», *Times* (GB), 5. Oktober 2018, https://www.thetimes.co.uk/article/britons-buy-a-suit case-full-of-new-clothes-every-year-wxws895qd

26 United Nations Climate Change News, «UN Helps Fashion Industry Shift to Low Carbon», United Nations Framework Convention on Climate Change, 6. September 2018, https://unfccc.int/news/un-helps-fashion-industry-shift-to-lo-carbon

27 Al Gore, *The Future: Six Drivers of Global Change,* New York: Random House 2013, S. 159.

28 Christina Gough, «Super Bowl Average Costs of a 30-Second TV Advertise-ment from 2002 to 2019 (in Million U. S. Dollars)», Statista, 9. August 2019, https://www.statista.com/statistics/217134/total-advertisement-revenue-of-super-bowls/

29 Garett Sloane, «Amazon Makes Major Leap in Ad Industry with $10 Billion Year», Ad Age, 31. Januar 2019, https://adage.com/article/digital/amazon-makes-quick-work-ad-industry-10-billion-year/316468

30 A. Guttmann, «Global Advertising Market – Statistics & Facts», Statista, 24. Juli 2018, https://www.statista.com/topics/990/global-advertising-market/

31 Eine ausgezeichnete Zusammenfassung der bisherigen Forschung bietet: Tori DeAngelis, «Consumerism and Its Discontents», American Psychological As-sociation, Juni 2004, https://www.apa.org/monitor/jun04/discontents

32 Ebenda.

33 Tony Seba und James Arbib, «Are We Ready for the End of Individual Car Ownership?», *San Francisco Chronicle,* 10. Juli 2017, https://www.sfchronicle.com/opinion/openforum/article/Are-we-ready-for-the-end-of-individual-car-11278535.php

34 Ein guter Artikel und Podcast hierzu findet sich bei: Hans-Werner Kaas, Det-lev Mohr und Luke Collins, «Self-Driving Cars and the Future of the Auto Sec-tor», McKinsey & Company, August 2016, https://www.mckinsey.com/indus tries/automotive-and-assembly/our-insights/self-driving-cars-and-the-future-of-the-auto-sector

35 Rosie McCall, «Millions of Fossil Fuel Dollars Are Being Pumped into Anti-Climate Lobbying», IFLScience, 22. März 2019, https://www.iflscience.com/environment/millions-of-fossil-fuel-dollars-are-being-pumped-into-anticlimate-lobbying/

36 Eliot Whittington, «How Big Are Fossil Fuel Subsidies?», Cambridge Institute for Sustainability Leadership, https://www.cisl.cam.ac.uk/business-action/low-carbon-transformation/eliminating-fossil-fuel-subsidies/how-big-are-fossil-fuel-subsidies

37 Global Studies Initiative, «What We Do: Fossil Fuel Subsidies and Climate

Change», International Institute for Sustainable Development, https://www.iisd.org/gsi/what-we-do/focus-areas/renewable-energy-subsidies-fossil-fuel-phase-out

38 Mark Carney, «Breaking the Tragedy of the Horizon – Climate Change and Financial Stability», Vortrag bei Lloyd's of London, 29. September 2015, https://www.fsb.org/wp-content/uploads/Breaking-the-Tragedy-of-the-Horizon-%E2%80%93-climate-change-and-financial-stability.pdf

39 Die offizielle Website des Network for Greening the Financial System ist https://www.ngfs.net/en. Siehe *A Call for Action: Climate Change as a Source of Financial Risk*, NGFS, April 2019, https://www.banque-france.fr/sites/default/files/media/2019/04/17/ngfs_first_comprehensive_report_17042019_0.pdf

40 Moody's, «Moody's Acquires RiskFirst, Expanding Buy-Side Analytics Capabilities», Pressemeldung, 25. Juli 2019, https://ir.moodys.com/news-and-financials/press-releases/press-release-details/2019/Moodys-Acquires-RiskFirst-Expanding-Buy-Side-Analytics-Capabilities/default.aspx

41 Fatih Birol, «Renewables 2018: Market Analysis and Forecast from 2018 to 2023», International Energy Agency, Oktober 2018, https://www.iea.org/renewables2018/

42 RE100, «Companies», http://there100.org/companies

43 David Roberts, «Utilities Have a Problem: The Public Wants 100% Renewable Energy, and Quick», Vox, 11. Oktober 2018, https://www.vox.com/energy-and-environment/2018/9/14/17853884/utilities-renewable-energy-100-percent-public-opinion

44 Stefan Jungcurt, «IRENA Report Predicts All Forms of Renewable Energy Will Be Cost Competitive by 2020», SDG Knowledge Hub, 16. Januar 2018, http://sdg.iisd.org/news/irena-report-predicts-all-forms-of-renewable-energy-will-be-cost-competitive-by-2020/

45 United Nations Climate Change, «IPCC Special Report on Global Warming of 1.5 °C», United Nations Framework Convention on Climate Change, https://unfccc.int/topics/science/workstreams/coopera tion-with-the-ipcc/ipcc-special-report-on-global-warming-of-15-degc

46 Sunday Times Driving, «10 Electric Cars with 248 Miles or More Range to Buy Instead of a Diesel or Petrol», *Sunday Times* (GB), 1. Juli 2019, https://www.driving.co.uk/news/10-electric-cars-248-miles-range-buy-instead-diesel-petrol/

47 Christine Negroni, «How Much of the World's Population Has Flown in an Airplane?», *Air & Space*, 6. Januar 2016, https://www.airspacemag.com/daily-planet/how-much-worlds-population-has-flown-airplane-180957719/; die ursprüngliche Analyse stammt von Luftsicherheitsspezialist Tom Farrier, «What Percent of the World's Population Will Fly in an Airplane in Their Lives?», Quora, 13. Dezember 2013, https://www.quora.com/What-percent-of-the-worlds-population-will-fly-in-an-airplane-in-their-lives

48 Liz Goldman und Mikaela Weisse, «Technical Blog: Global Forest Watch's 2018 Data Update Explained», Global Forest Watch, 25. April 2019, https://blog.globalforestwatch.org/data-and-research/technical-blog-global-forest-watchs

-2018-data-update-explained; Gabriel daSilva, «World Lost 12 Million Hectares of Tropical Forest in 2018», Ecosystem Marketplace, 25. April 2019, https://www.ecosystemmarketplace.com/articles/world-lost-12-million-hectares-tropical-forest-2018/

49 Rhett A. Butler, «Beef Drives 80% of Amazon Deforestation», Mongabay, 29. Januar 2009, https://news.mongabay.com/2009/01/beef-drives-80-of-amazon-deforestation/; vollständiger Bericht unter: Greenpeace Amazon, «Amazon Cattle Footprint, Mato Grosso: State of Destruction», Februar 2010, https://www.greenpeace.org/usa/wp-contentuploads/legacy/Global/usa/report/2010/2/amazon-cattle-footprint.pdf

50 Herton Escobar, «Deforestation in the Amazon Is Shooting Up, but Brazil's President Calls the Data ‹a Lie›», Science, 28. Juli 2019, https://www.sciencemag.org/news/2019/07/deforestation-amazon-shooting-brazil-s-president-calls-data-lie

51 Yuna He, Xiaoguang Yang, Juan Xia, Liyun Zhao und Yuexin Yang, «Consumption of Meat and Dairy Products in China: A Review», Proceedings of the Nutrition Society 75, Nr. 3 (August 2016), S. 385–391, https://doi.org/10.1017/S0029665116000641

52 David Tilman, Michael Clark, David R. Williams, u. a., «Future Threats to Biodiversity and Pathways to Their Prevention», Nature 546, (1. Juni, 2017), S. 73–81, https://www.nature.com/articles/nature22900; Jonathan A. Foley, Navin Ramankutty, Kate A. Brauman, u. a., «Solutions for a Cultivated Planet», Nature 478 (12. Oktober 2011), S. 337–342, https://www.nature.com/articles/nature10452

53 EATForum, «The EAT-Lancet Commission on Food, Planet, Health», https://eatforum.org/eat-lancet-commission/

54 Jean-Francois Bastin, Yelena Finegold, Claude Garcia, u. a., «The Global Tree Restoration Potential», Science 365, Nr. 6448 (5. Juli 2019), S. 76–79, https://science.sciencemag.org/content/365/6448/76

55 Ebenda.

56 World Agroforestry, «New Look at Satellite Data Quantifies Scale of China's Afforestation Success», Pressemeldung, 5. Mai 2017, https://www.worldagroforestry.org/news/new-look-satellite-data-quantifies-scale-chinas-afforestation-success

57 United Nations Environment Programme, «Ethiopia Plants over 350 Million Trees in a Day, Setting New World Record», 2. August 2019, https://www.unenvironment.org/news-and-stories/story/ethiopia-plants-over-350-million-trees-day-setting-new-world-record

58 Roland Ennos, «Can Trees Really Cool Our Cities Down?», The Conversation, 22. Dezember 2015, http://theconversation.com/can-trees-really-cool-our-cities-down-44099

59 Amy Fleming, «The Importance of Urban Forests: Why Money Really Does Grow on Trees», Guardian (US-Ausgabe), 12. Oktober 2016, https://www.theguardian.com/cities/2016/oct/12/importance-urban-forests-money-grow-trees

60 Der menschliche Fleischkonsum hat sich im Laufe der Geschichte immer wieder gewandelt, aber generell war er noch nie so hoch wie heute. Vorgeschichtliche Menschen aßen gelegentlich etwas Aas, die alten Griechen und Römer hingegen konsumierten zwischen 20 und 30 Kilogramm pro Kopf und Jahr. Im Mittelalter lag dieser Wert in Europa bei 40 Kilogramm, in der Renaissance nach der Pest bei 110 Kilogramm. Während der industriellen Revolution sank der Durchschnitt auf 14 Kilogramm. Siehe: Tomorrow Today, «A History of Meat Consumption», Video, Deutsche Welle, 18. Januar 2019, https://www.dw.com/en/a-history-of-meat-consumption/av-47130648; deutsche Fundstelle: Projekt Zukunft. Der Mensch und sein Fleisch, Deutsche Welle, 18. September 2019, https://www.dw.com/de/der-mensch-und-sein-fleisch/av-471 30684. Nach der Industrialisierung und dank besserer Kühlung ist der Fleischkonsum stetig gestiegen, von 20 Kilogramm pro Person und Jahr im weltweiten Durchschnitt im Jahre 1960 auf heute 40 Kilogramm. Am meisten wird in den wohlhabenden Ländern verspeist (die größten Fleischesser leben in Australien, dort waren es 116 Kilogramm pro Person im Jahre 2013). In Europa isst man durchschnittlich fast 80, in Nordamerika mehr als 110 Kilogramm pro Jahr. Hierzu auch: Hannah Ritchie und Max Roser, «Meat and Dairy Production», Our World in Data, August 2017, https://ourworldindata.org/meat-and-seafood-production-consumption

61 Areeba Hasan, «Signal of Change: AT Kearney Expects Alternative Meats to Make Up 60% Market in 2040», Futures Centre, 16. Juli 2019, https://www.thefuturescentre.org/signals-of-change/224145/kearney-expects-alternative-meats-make-60-market-2040

62 Paul Armstrong, «Greenpeace, Nestlé in Battle over Kit Kat Viral», CNN, 20. März 2010, http://edition.cnn.com/2010/WORLD/asiapcf/03/19/indonesia. rainforests.orangutan.nestle/index.html

63 Greenpeace International, «Nestlé Promise Inadequate to Stop Deforestation for Palm Oil», Pressemeldung, 14. September 2018, https://www.greenpeace. org/international/press-release/18400/nestle-promise-inadequate-to-stop-defore station-for-palm-oil/. Näheres zu diesem Thema siehe: Aileen Ionescu-Somers und Albrecht Enders, «How Nestlé Dealt with a Social Media Campaign Against It», Financial Times, 3. Dezember 2012, https://www.ft.com/content/ 90dbff8a-3aea-11e2-b3f0-00144feabdc0; Zwei äußerst brauchbare Artikel hierzu sind: Jonathan Rowe und Judith Silverstein, «The GDP Myth», Jonathan Rowe. org, http://jonathanrowe.org/the-gdp-myth, ursprünglich erschienen in Washington Monthly, 1. März 1999; und Stephen Letts, «The GDP Myth: The Planet's Measure for Economic Growth Is Deeply Flawed and Outdated», ABC.net.au, 2. Juni 2018, https://www.abc.net.au/news/2018-06-02/gdp-flawed-and-out-of-date-why-still-use-it/9821402

64 United Nations, «About the Sustainable Development Goals», https://www. un.org/sustainabledevelopment/sustainable-development-goals/. Diese Zielsetzungen sind: keine Armut; kein Hunger; gute Gesundheit und Lebensumstände; hohe Bildungsqualität; Geschlechtergleichheit; sauberes Wasser und

Sanitärversorgung; erschwingliche und saubere Energie; gute Arbeitsbedingungen und Wirtschaftswachstum; Industrie, Innovation und Infrastruktur; Minderung von Ungleichheiten; Klimaschutz; Leben unter Wasser; Leben an Land; Frieden, Gerechtigkeit und starke Institutionen; Partnerschaften für diese Ziele.

65 Dieter Holger, «Norway's Sovereign-Wealth Fund Boosts Renewable Energy, Divests Fossil Fuels», *Wall Street Journal*, 12. Juni 2019, https://www.wsj.com/articles/norways-sovereign-wealth-fund-boosts-renewable-energy-divests-fossil-fuels-11560357485

66 350.org, «350 Campaign Update: Divestment», https://350.org/350-campaign-update-divestment/

67 Chris Mooney und Steven Mufson, «How Coal Titan Peabody, the World's Largest, Fell into Bankruptcy», *Washington Post*, 13. April 2016, https://www.washingtonpost.com/news/energy-environment/wp/2016/04/13/coal-titan-peabody-energy-files-for-bankruptcy/

68 350.org, «Shell Annual Report Acknowledges Impact of Divestment Campaign», Pressemeldung, 22. Juni 2018, https://350.org/press-release/shell-report-impact-of-divestment/

69 Ceri Parker, «New Zealand Will Have a New ‹Well-being Budget›, Says Jacinda Ardern», *World Economic Forum*, 23. Januar 2019, https://www.weforum.org/agenda/2019/01/new-zealand-s-new-well-being-budget-will-fix-broken-politics-says-jacinda-ardern/

70 Enter Costa Rica, «Costa Rica Education», https://www.entercostarica.com/travel-guide/about-costa-rica/education

71 World Bank, «Accounting Reveals That Costa Rica's Forest Wealth Is Greater Than Expected», 31. Mai 2016, https://www.worldbank.org/en/news/feature/2016/05/31/accounting-reveals-that-costa-ricas-forest-wealth-is-greater-than-expected

72 Siehe: http://happyplanetindex.org/countries/costa-rica

73 Eine gute Einführung in das Thema KI bietet: Snips, «A 6-Minute Intro to AI», https://snips.ai/content/intro-to-ai/#ai-metrics

74 David Silver und Demis Hassabis, «AlphaGo Zero: Starting from Scratch», DeepMind, 18. Oktober 2017, https://deepmind.com/blog/alphago-zero-learning-scratch/

75 DeepMind, https://deepmind.com/

76 Rupert Neate, «Richest 1% Own Half the World's Wealth, Study Finds», *Guardian* (US-Ausgabe), 14. November 2017, https://www.theguardian.com/inequality/2017/nov/14/worlds-richest-wealth-credit-suisse

77 Amy Sterling, «Millions of Jobs Have Been Lost to Automation. Economists Weigh In on What to Do About It», *Forbes*, 15. Juni 2019, https://www.forbes.com/sites/amysterling/2019/06/15/automated-future/

78 Trading Economics, «Brazil – Employment in Agriculture (% of Total Employment)», https://tradingeconomics.com/brazil/employment-in-agriculture-percent-of-total-employment-wb-data.html

79 Näheres unter: Olivia Gagan, «Here's How AI Fits into the Future of Energy», World Economic Forum, 25. Mai 2018, https://www.weforum.org/agenda/2018/05/how-ai-can-help-meet-global-energy-demand

80 David Rolnick, Priya L. Donti, Lynn H. Kaack u. a., «Tackling Climate Change with Machine Learning», Arxiv, 10. Juni 2019, https:// arxiv.org/pdf/1906.05433.pdf

81 PricewaterhouseCoopers, «What Doctor? Why AI and Robotics Will Define New Health», 11. April 2017, https://www.pwc.com/gx/en/industries/healthcare/publications/ai-robotics-new-health/ai-robotics-new-health.pdf

82 Nicolas Miailhe, «AI & Global Governance: Why We Need an Intergovernmental Panel for Artificial Intelligence», United Nations University Centre for Policy Research, 10. Dezember 2018, https://cpr.unu.edu/ai-global-governance-why-we-need-an-intergovernmental-panel-for-artificial-intelligence.html

83 Tom Simonite, «Canada, France Plan Global Panel to Study the Effects of AI», *Wired*, 6. Dezember 2018, https://www.wired.com/story/canada-france-plan-global-panel-study-ai/

84 Richard Evans und Jim Gao, «DeepMind AI Reduces Google Data Centre Cooling Bill by 40%», DeepMind, 20. Juli 2016, https://deepmind.com/blog/deepmind-ai-reduces-google-data-centre-cooling-bill-40/

85 United Nations Division for the Advancement of Women (UNDAW), «Equal Participation of Women and Men in Decision-Making Processes, with Particular Emphasis on Political Participation and Leadership», Bericht der Expertengruppe aus der Sitzung vom 24. bis 26. Oktober 2005; Kathy Caprino, «How Decision-Making Is Different Between Men and Women and Why It Matters in Business», *Forbes*, 12. Mai 2016, https://www.forbes.com/sites/kathycaprino/2016/05/12/how-decision-making-is-different-between-men-and-women-and-why-it-matters-in-business/; Virginia Tech, «Study Finds Less Corruption in Countries Where More Women Are in Government», ScienceDaily, 15. Juni 2018, https://www.sciencedaily.com/releases/2018/06/180615094850.htm

86 United Nations Climate Change News, «5 Reasons Why Climate Action Needs Women», United Nations Framework Convention on Climate Change, 2. April 2019, https://unfccc.int/news/5-reasons-why-climate-action-needs-women; Emily Dreyfuss, «Here's a Way to Fight Climate Change: Empower Women», *Wired*, 3. Dezember 2018, https://www.wired.com/story/heres-a-way-to-fight-climate-change-empower-women/

87 Thais Compoint, «10 Key Barriers for Gender Balance (Part 2 of 3)», Déclic International, 5. März 2019, https://declicinternational.com/key-barriers-gender-balance-2/

88 Anne Finucane und Anne Hidalgo, «Climate Change Is Everyone's Problem. Women Are Ready to Solve It», *Fortune*, 12. September 2018, https://fortune.com/2018/09/12/climate-change-sustainability-women-leaders/

89 Project Drawdown.

90 Ebenda.

91 Brand New Congress, https://brandnewcongress.org/

92 Andrea González-Ramírez, «The Green New Deal Championed by Alexandria Ocasio-Cortez Gains Momentum», Refinery29, 7. Februar 2019, https://www. refinery29.com/en-us/2018/12/219189/alexandria-ocasio-cortez-green-new-deal-climate-change; näheres über weibliche Solidarität und die Anerkennung der Suffragettenbewegung durch US-Politikerinnen unter: Sirena Bergman, «State of the Union: How Congresswomen Used Their Outfits to Make a Statement at Trump's Big Address», *Independent*, 6. Februar 2019, https://www.independent.co.uk/life-style/women/trump-state-union-women-ocasio-cortez-pelosi-suffragette-white-a8765371.html

93 Natural Resources Defense Council, «Salt of the Earth, Courtesy of the Sun», 30. Januar 2019, https://www.nrdc.org/stories/salt-earth-courtesy-sun

94 Solar Sister, https://solarsister.org

95 Laurie Goering, «Climate Pressures Threaten Political Stability – Security Experts», Reuters, 24. Juni 2015, https://uk.reuters.com/article/climatechange-security-politics/climate-pressures-threaten-political-stability-security-experts-idUKL8N0ZA2H220150624

96 Laura McCamy, «Companies Donate Millions to Political Causes to Have a Say in the Government – Here Are 10 That Have Given the Most in 2018», *Business Insider France*, 13. Oktober 2018, http://www.businessinsider.fr/us/companies-are-influencing-politics-by-donating-millions-to-politicians-2018-9

97 Influence Map, «National Association of Manufacturers (NAM)», https://influencemap.org/influencer/National-Association-of-Manufacturing-NAM

98 Am Beispiel der USA siehe: Andy Stone, «Climate Change: A Real Force in the 2020 Campaign?», *Forbes*, 25. Juli 2019, https://www.forbes.com/sites/andystone/2019/07/25/climate-change-a-real-force-in-the-2020-campaign/

99 Näheres über Extinction Rebellion auf deren Website, https://rebellion.earth/; Brian Doherty, Joost de Moor und Graeme Hayes, «The ‹New› Climate Politics of Extinction Rebellion?», openDemocracy, 27. November 2018, https://www.opendemocracy.net/en/new-climate-politics-of-extinction-rebellion/

100 Näheres zum Thema ziviler Ungehorsam unter: «Civil Disobedience», ScienceDirect, https://www.sciencedirect.com/topics/computer-science/civil-disobedience

101 Erica Chenoweth, «The ‹3.5% Rule›: How a Small Minority Can Change the World», Carr Center for Human Rights Policy, 14. Mai 2019, https://carrcenter.hks.harvard.edu/news/35-rule-how-small-minority-can-change-world

102 Fridays for Future, https://www.fridaysforfuture.org/

103 Jonathan Watts, «‹Biggest Compliment Yet›: Greta Thunberg Welcomes Oil Chief's ‹Greatest Threat› Label», *Guardian* (US-Ausgabe), 5. Juli 2019, https://www.theguardian.com/environment/2019/jul/05/biggest-compliment-yet-greta-thunberg-welcomes-oil-chiefs-greatest-threat-label

Fazit

Eine neue Geschichte

1 Mehr über Sputnik von der NASA: National Aeronautics and Space Administration, «Sputnik and the Dawn of the Space Age», 10. Oktober 2007, https://history.nasa.gov/sputnik/

2 Eine Analyse dieser Rede 50 Jahre später findet sich bei: Marina Koren, «What John F. Kennedy's Moon Speech Means 50 Years Later», *The Atlantic*, 15. Juli 2019, https://www.theatlantic.com/science/archive/2019/07/apollo-moon-landing-jfk-speech/593899/

3 Space Center Houston, «Photo Gallery: Apollo-Era Flight Controllers», 2. Juli 2019, https://spacecenter.org/photo-gallery-apollo-era-flight-controllers/

4 Eine Analyse dieser Begegnung hinsichtlich Inspiration und Motivation bietet: Zach Mercurio, «What Every Leader Should Know About Purpose», *Huffington Post*, 20. Februar 2017, https://www.huffpost.com/entry/what-every-leader-should-know-about-purpose_b_58ab103fe4b026a89a7a2e31

Bibliografie und Literaturhinweise

Das Problem

Archer, David, The Long Thaw: How Humans Are Changing the Next 100,000 Years of Earth's Climate, Princeton: Princeton Science Library 2016.

Carson, Rachel, Silent Spring. New York: Mariner Books 1962; deutsche Ausgabe: Der stumme Frühling. Mit einem Vorwort von Jill Lepore, München: C.H.Beck 2021.

Evans, Alex, The Myth Gap: What Happens When Evidence and Arguments Aren't Enough, Bodelva, Cornwall: Eden Project Books 2017.

Ghosh, Amitav, The Great Derangement: Climate Change and the Unthinkable, Chicago: University of Chicago Press 2017.

Goodell, Jeff, The Water Will Come: Rising Seas, Sinking Cities, and the Remaking of the Civilized World, New York: Back Bay Books 2018.

Hansen, James, Storms of My Grandchildren: The Truth About the Coming Climate Catastrophe and Our Last Chance to Save Humanity, New York: Bloomsbury 2010.

Henson, Robert, The Rough Guide to Climate Change, London: Rough Guides 2011.

Jamail, Dahr, The End of Ice: Bearing Witness and Finding Meaning in the Path of Climate Disruption, New York: New Press 2019.

Jamieson, Dale, Reason in a Dark Time: Why the Struggle Against Climate Change Failed – And What It Means for Our Future, Oxford: Oxford University Press 2014.

Keeling, Charles, «The Concentration and Isotopic Abundances of Carbon Dioxide in the Atmosphere», *Tellus* 12, Nr. 2 (1960), https://onlinelibrary.wiley.com/doi/epdf/10.1111/j.2153-3490.1960.tb01300.x.

Kolbert, Elizabeth, Field Notes from a Catastrophe: Man, Nature, and Climate Change, New York: Bloomsbury 2015.

Lancaster, John, The Wall: A Novel, New York: W. W. Norton 2019.

Lynas, Mark, Six Degrees: Our Future on a Hotter Planet, Boone: National Geographic 2008.

Masson-Delmotte, V., P. Zhai, H.-O. Pörtner, D. Roberts, J. Skea, P. R. Shukla, A. Pirani, W. Moufouma-Okia, C. Péan, R. Pidcock, S. Connors, J. B. R. Matthews, Y. Chen, X. Zhou, M. I. Gomis, E. Lonnoy, T. Maycock, M. Tignor und

T. Waterfield (Hg.), Global Warming of 1.5°C. An IPCC Special Report on the Impacts of Global Warming of 1.5°C Above Pre-Industrial Levels and Related Global Greenhouse Gas Emission Pathways, in the Context of Strengthening the Global Response to the Threat of Climate Change, Sustainable Development, and Efforts to Eradicate Poverty, https://www.ipcc.ch/sr15/.

Moellendorf, Darrell, «Progress, Destruction, and the Anthropocene», *Social Philosophy and Policy* 34, Nr. 2 (2017), S. 66–88.

Wallace-Wells, David, The Uninhabitable Earth: Life After Warming, New York: Tim Duggan Books 2019.

Eine neue Zukunft: politischer, gesellschaftlicher, technologischer und kultureller Wandel

Davey, Edward, Given Half a Chance: Ten Ways to Save the World, London: Unbound 2019.

Franklin, Daniel, Mega Tech: Technology in 2050, London: Economist Books 2017.

Gold, Russell, Superpower: One Man's Quest to Transform American Energy, New York: Simon and Schuster 2019.

Harvey, Hal, Designing Climate Solutions: A Policy Guide for Low-Carbon Energy, Washington: Island Press 2018.

Hawken, Paul (Hg.), Drawdown: The Most Comprehensive Plan Ever Proposed to Reverse Global Warming, London: Penguin Books 2017.

Latour, Bruno, Down to Earth: Politics in the New Climate Regime, Cambridge: Polity Press 2018.

Leicester, Graham, Transformative Innovation: A Guide to Practice and Policy, Charmouth: Triarchy Press 2016.

Lovelock, James, The Vanishing Face of Gaia: A Final Warning, London: Penguin 2010.

McKibben, Bill, Falter: Has the Human Game Begun to Play Itself Out?, New York: Henry Holt 2019.

O'Hara, Maureen und Graham Leicester, Dancing at the Edge: Competence, Culture and Organization in the 21st Century, Charmouth: Triarchy Press 2012.

Robinson, Mary, Climate Justice: Hope, Resilience, and the Fight for a Sustainable Future, London: Bloomsbury 2018.

Sachs, Jeffrey D., The Age of Sustainable Development, New York: Columbia University Press 2015.

Sahtouris, Elisabet, Gaia: The Story of Earth and Us, Scotts Valley: Create-Space Independent Publishing Platform 2018.

Smith, Bren, Eat Like a Fish: My Adventures as a Fisherman Turned Restorative Ocean Farmer, New York: Knopf 2019.

Snyder, Timothy, On Tyranny: Twenty Lessons from the Twentieth Century, New York: Tim Duggan Books 2017; deutsche Ausgabe: Über Tyrannei. Zwanzig Lektionen für den Widerstand, München: C.H.Beck 2020.

Wahl, Daniel Christian, Designing Regenerative Cultures, Charmouth: Triarchy Press 2016. Siehe auch: https://designforsustainability.medium.com/mehr-als-nur-nachhaltig-regenerative-kulturen-gestalten-4c2a8abd8207.

Walsh, Bryan, End Times: A Brief Guide to the End of the World, London: Hachette Books 2019.

Wheatley, Margaret J., Leadership and the New Science: Discovering Order in a Chaotic World, Oakland: Berrett-Koehler 2006.

Wirtschaft

Assadourian, Erik, «The Rise and Fall of Consumer Cultures», in: Worldwatch Institute (Hg.), State of the World 2010: Transforming Cultures from Consumerism to Sustainability, New York: W. W. Norton 2010.

Jackson, Tim, Prosperity Without Growth: Economics for a Finite Planet, London: Routledge Earthscan 2009.

Klein, Naomi, On Fire: The (Burning) Case for a Green New Deal, New York: Simon and Schuster 2019.

Dies., This Changes Everything: Capitalism vs. the Climate, New York: Simon and Schuster 2015.

Lovins, L. Hunter, Stewart Wallis, Anders Wijkman und John Fullerton, A Finer Future: Creating an Economy in Service to Life, Philadelphia: New Society 2018.

Meadows, Donella H., Dennis L. Meadows, Jørgen Randers und William W. Behrens III., Limits to Growth: The 30-Year Update, Chelsea: Chelsea Green 2004.

Nordhaus, William, The Climate Casino: Risk, Uncertainty, and Economics for a Warming World, New Haven: Yale University Press 2015.

Raworth, Kate, Doughnut Economics: Seven Ways to Think Like a 21st-Century Economist, New York: Random House 2017.

Rowland, Deborah, Still Moving: How to Lead Mindful Change, New York: Wiley Blackwell 2017.

Persönliches Handeln und Aufbau von Bewegungen

Bateson, Gregory, Steps to an Ecology of Mind, New York: Chandler 1972.

Berners-Lee, Mike, There Is No Planet B: A Handbook for the Make or Break Years, Cambridge: Cambridge University Press 2019.

Extinction Rebellion, This Is Not a Drill: An Extinction Rebellion Handbook, London: Penguin 2019.

Foer, Jonathan Safran, We Are the Weather: Saving the Planet Begins at Breakfast, New York: Farrar, Straus and Giroux 2019; deutsche Ausgabe: Wir sind das Klima! Wie wir unseren Planeten schon beim Frühstück retten können, Köln: Kiepenheuer & Witsch 2019.

Friedman, Thomas L., Thank You for Being Late: An Optimist's Guide to Thriving in the Age of Acceleration, New York: Farrar, Straus and Giroux 2016.

Havel, Václav, Disturbing the Peace: A Conversation with Karel Huizdala, New York: Vintage Books 1991; deutsche Ausgabe: Fernverhör: Ein Gespräch mit Karel Hvížďala, Hamburg: Rowohlt 1987.

Louv, Richard, Last Child in the Woods: Saving Our Children from Nature-Deficit Disorder, New York: Algonquin 2005.

Macy, Joanna und Chris Johnstone, Active Hope: How to Face the Mess We're in Without Going Crazy, San Francisco: New World Library 2012.

Mandela, Nelson, A Long Walk to Freedom, New York: Little, Brown and Company 1994; deutsche Ausgabe: Der lange Weg zur Freiheit, Frankfurt am Main: S. Fischer 1994.

Martinez, Xiuhtezcatl, We Rise: The Earth Guardians Guide to Building a Movement That Restores the Planet, New York: Rodale Books 2018.

Plous, Scott, The Psychology of Judgment and Decision Making, Philadelphia: Temple University Press 1993.

Quinn, Robert E., Building the Bridge As You Walk on It: A Guide for Leading Change, Greensboro: Jossey-Bass 2004.

Scranton, Roy, Learning to Die in the Anthropocene: Reflections on the End of Civilization, San Francisco: City Lights 2015.

Seligman, Martin E. P., Learned Optimism: How to Change Your Mind and Your Life, London: Vintage 2006 (erstmals 1890); deutsche Ausgabe: Pessimisten küsst man nicht. Optimismus kann man lernen, München: Droemer Knaur 2001.

Sharpe, Bill, Three Horizons: The Patterning of Hope, Charmouth: Triarchy Press 2013.

Solnit, Rebecca, Hope in the Dark: Untold Histories, Wild Possibilities, Chicago: Haymarket Books 2016.

Thunberg, Greta, No One Is Too Small to Make a Difference, London: Penguin 2019; deutsche Ausgabe: Ich will, dass ihr in Panik geratet! Meine Reden zum Klimaschutz, Frankfurt am Main: S. Fischer 2019.

Wheatley, Margaret J., Who Do We Choose to Be? Facing Reality, Claiming Leadership, Restoring Sanity, Oakland: Berrett-Koehler 2017.

Natur

Baker, Nick, ReWild: The Art of Returning to Nature, London: Aurum 2017.

Brown, Gabe, Dirt to Soil: One Family's Journey into Regenerative Agriculture, London: Chelsea Green 2018.

Eisenstein, Charles, Climate: A New Story, Berkeley: North Atlantic Books 2018.

Glassley, William E., A Wilder Time: Notes from a Geologist at the Edge of the Greenland Ice, New York: Bellevue Literary Press 2018.

Kolbert, Elizabeth, The Sixth Extinction: An Unnatural History, London: Picador 2015; deutsche Ausgabe: Das sechste Sterben. Wie der Mensch Naturgeschichte schreibt, Berlin: Suhrkamp 2016.

Monbiot, George, Feral: Rewilding the Land, Sea and Human Life, London: Penguin 2015.

Oakes, Lauren E., In Search of the Canary Tree: The Story of a Scientist, a Cypress, and a Changing World, New York: Basic Books 2018.

Simard, Suzanne, Finding the Mother Tree, London: Penguin Random House 2020.

Tree, Isabella, Wilding: The Return of Nature to a British Farm, London: Picador 2018.

Wohlleben, Peter, Das geheime Leben der Bäume. Was sie fühlen, wie sie kommunizieren – die Entdeckung einer verborgenen Welt, München: Ludwig 2015.

Wulf, Andrea, The Invention of Nature: Alexander von Humboldt's New World, New York: Vintage 2015; deutsche Ausgabe: Alexander von Humboldt und die Erfindung der Natur, München: C. Bertelsmann 2016.

Wissenschaftliche Quellen

Drawdown, drawdown.org
NASA Earth Observatory, earthobservatory.nasa.gov
National Geographic, nationalgeographic.com
Nature, nature.com
Our World in Data, ourworldindata.org
Science Alert, sciencealert.com
Science Direct, sciencedirect.com
Skeptical Science, skepticalscience.com
Smithsonian Magazine, smithsonianmag.com
Water Scarcity Atlas, waterscarcityatlas.org
World Health Organization, who.int

AUS UNSEREM VERLAGSPROGRAMM

KLIMAWANDEL BEI C.H.BECK

Wolfgang Behringer
Tambora und das Jahr ohne Sommer
Wie ein Vulkan die Welt in die Krise stürzte
5. Auflage 2018. 398 Seiten mit 16 Abbildungen und 4 Karten
Gebunden

Ottmar Edenhofer/Michael Jakob
Klimapolitik
Ziele, Konflikte, Lösungen
2. Auflage. 2019. 144 Seiten mit 14 Abbildungen und 2 Tabellen
Broschiert

Dieter Gerten
Wasser
Knappheit, Klimawandel, Welternährung
2. Auflage 2019. 207 Seiten mit 10 Abbildungen und 2 Tabellen
Broschiert

Karl-Heinz Ludwig
Eine kurze Geschichte des Klimas
Von der Entstehung der Erde bis heute
3., vollständig überarbeitete Auflage. 2021. 251 Seiten mit 10 Abbildungen
Broschiert

Stefan Rahmstorf/Hans-Joachim Schellnhuber
Der Klimawandel
Diagnose, Prognose, Therapie
9. Auflage. 2019. 144 Seiten mit 21 Abbildungen und 1 Tabelle
Broschiert

C.H.Beck

KÜNSTLICHE INTELLIGENZ BEI C.H.BECK

Stefan Buijsman
Ada und die Algorithmen
Wahre Geschichten aus der Welt der künstlichen Intelligenz
Aus dem Niederländischen von Bärbel Jänicke
2021. 236 Seiten mit 43 Schwarz-Weiß-Abbildungen und 17 Farbabbildungen.
Gebunden

Marcus du Sautoy
Der Creativity-Code
Wie künstliche Intelligenz schreibt, malt und denkt
Aus dem Englischen von Sigrid Schmid
2021. 319 Seiten mit 15 Abbildungen. Gebunden

Hannah Fry
Hello World
Was Algorithmen können und wie sie unser Leben verändern
Aus dem Englischen von Sigrid Schmid
3. Auflage. 2019. 272 Seiten mit 9 Abbildungen
Gebunden

Manuela Lenzen
Künstliche Intelligenz
Fakten, Chancen, Risiken
2020. 128 Seiten. Broschiert

Charles Seife
Stephen Hawking
Genie des Universums
Aus dem Englischen von Judith Elze und Enrico Heinemann
2021. 488 Seiten mit 3 Grafiken. Gebunden

C.H.Beck